KB161959

TEACHING THE ENGLISH

TO 글로벌 태권도 사범을 위한 영어교수법

GLOBAL TAEKWONDO

2 실제편

TEACHING THE ENGLISH

TO 글로벌 태권도 사범을 위한 영어교수법

2 실제편

GLOBAL TAEKWONDO

지칠규 지음

이담 Books

Prologue

한국의 태권도는 지난 60여 년 동안 전 세계에 태권도 수련인구를 6,000만 명으로 늘리면서 전 세계 180여 개국에 전파되었고 누구도 부인할 수 없는, 한국을 상징하는 강력한 아이콘으로 자리 잡았습니다. 한국에서는 전문대 졸업생들까지 합치면 매년 태권도학과를 졸업하는 졸업생들이 2,000여 명 이상에 육박하고 있습니다.

그리고 태권도학과 졸업생들은 젊음과 패기를 무기로 해외로 진출하고 있지만 정작 가장 필요한 언어인 영어가 되지 않아서 도중에 좌절하고 해외진출의 꿈을 접는 슬픈 현실을 보면서 필자는 너무나 안타깝게 느끼곤 했습니다.

태권도가 이렇게 5대양 6대주로 뻗어 나가면서 전 지구촌 구석에 자리를 잡았지만 정작 우리는 국내에 수많은 태권도학과를 만들고도 태권도를 영어로 지도할 수 있는 제대로 된 태권도 영어 지도 프로그램을 개발하는 데는 너무 소홀히 했던 것은 아닌지 자문하고 싶습니다.

그래서 제대로 된 '도장 영어'를 집필해서 좌절하고 절망하는 청춘들의 갈증을 해소하자는 것이 이 책을 집필한 첫 번째 동기였습니다. 둘째는 영어라는 수단을 통해서 국내의 태권도장을 한 단계 업그레이드시켜서 적은 인원으로도 얼마든지 고수익을 창출시킬 수 있는 프리미엄급 태권도 도장을 만드는 데 일조해야겠다는 생각에서였습니다.

현재 한국의 도장들은 초등학교 학생들이 줄어들고 있는 상황에서 저마다 위기의식을 느끼고 있지만 고객인 학부형들을 사로잡을 뾰족한 핵심프로그램을 도출해내지 못하고 있는 것이 현실입니다.

우리나라에서 영어 사교육비에 투자하는 돈은 매년 21조라고 합니다. 그런데도 아직도 지구상에서 영어를 가장 못하는 나라 1, 2위를 다투고 있습니다. 그래서 방학이면 비싼 돈 들여가며 해외 어학연수를 다녀오지만 결과는 영 신통치 않습니다.

영어가 공용어가 아닌 핀란드나 스웨덴은 고등학교만 졸업해도 10명 중 9명이 영어를 잘하는 영어 강국이 되었습니다. 그렇다면 그들이 영어를 잘하게 된 비결은 무엇일까요? 그 비결은 지극히 단순합니다.

전신반응 교수법(TPR)을 도입해서 몸으로 움직이면서 즐겁게 영어를 배우게 하고, 날마다 영어를 쓸 수 있는 환경을 만들어 주어 자신이 배운 것을 그때그때 써먹어 볼 수 있고 성취감과 자신감을 느낄 수 있도록 정부가 나서서 영어 교육 시스템을 만들어 준 것입니다.

결국 날마다 영어를 쓸 수 있는 환경을 만들어 주고 기존처럼 교실에 가만히 앉아서 영어를 듣는 것이 아니라 몸을 움직여 가면서 상황에 맞는 영어를 배우는 전신반응 교수법(TPR)에 가장 적절한 장소를 선택해서 날마다 아이들이 영어를 듣고 말할 수 있는 환경을 만들어 주면 우리나라도 그들처럼 영어를 잘할 수 있다는 결론에 도달합니다.

그렇다면 한국에서 이러한 환경을 만들 수 있는 적합한 장소는 어디일까요? 영어학원일까요? 아닙니다. 영어 학원은 교실에 가만히 앉아서 가르칠 뿐 Activity를 통해서 몸으로 영어를 익히게 하는 데는 적합하지 않습니다. 오히려 사범의 지시에 의해 몸동작을 배우는 태권도 도장이 훨씬 더 영어를 익히는 데 적합하다고 생각합니다.

필자가 제대로 된 태권도 영어 지도서를 쓰겠다고 마음먹은 지가 벌써 5년이란 세월이 훌쩍 지나가고 말았습니다. 마음은 급했지만 그동안 태권도 영어를 일선 도장에서 적용해 보면서 검증을 거치는 기간 때문에 많은 시간이 흐를 수밖에 없었습니다.

이 책에 소개한 영어 문장들은 그동안 일선 태권도 도장 다섯 군데서 3년 이상을 적용해 보고 검증해 보면서, 불필요한 것은 버리고 외국에 진출했을 때는 물론 가장 한국적인 상황에 맞는 필요한 'essence(정수) 무도 영어'만을 뽑아서 만들어 낸 것입니다.

그리고 1형식부터 5형식 영어 문장들을 무조건 외우는 것이 아니라 스스로 영어문장을 만드는 개념과 원리를 익혀서 스스로 응용하여 문장을 만드는 쾌감과 성취감을 느끼도록 하는 데 중점을 두어서 책을 엮으려고 노력했습니다.

영어 전문가들의 주장에 의하면, 외국에서 살아남기 위해 반드시 배워야 할 생존영어(Survival English)의 패턴은 200여 개 정도입니다. 미국 일상생활에서 가장 많이 사용하는 영어 문장 패턴은 233개 정도입니다. 이것을 모르면 외국에 나가서 살아남지 못합니다.

그러므로 이 책은 태권도를 가르치는 데 필요한 태권도 영어뿐만 아니라 원어민들이 일상생활 속에서 가장 자주 쓰는 영어 문장 패턴들도 동시에 학습할 수 있도록 구성하였습니다.

영어는 하루아침에 정복할 수 없습니다. 날마다 습관적으로 듣고 쓰다 보면 가랑비에 옷 젖듯이 자연스럽게 말할 수 있습니다. 영어를 정복하는 방법은 수만 번의 반복훈련을 통해서 운동신경을 늘려 나가는 태권도 훈련과 똑같습니다.

태권도를 눈으로 보고 익힐 수 없듯이 영어 또한 눈으로 보고 익히는 것만으로는 부족합니다. 그래서 www.쿠데타잉글리쉬.com에서 MP3로 다운받아 언제나 편리하게 들을 수 있도록 하였습니다.

영어를 잘하려면 머리와 눈으로 이해하고 깨닫는 것만으로는 부족합니다. 개념과 원리를 이해한 다음에는 원어민 발음에 따라 소리 내어 읽고 자신의 발음이 명확히 들리도록 하는 반복적인 훈련만이 큰 성과를 가져올 것입니다.

한국에서 영어는 이제는 선택이 아닌 필수가 되었습니다. 지구촌 10억 명이 쓰고 있고 앞으로 10년 후면 전 세계 인구 중 30억 명이 영어를 쓰는 시대가 도래한다고 합니다.

21세기를 살아가는 무도인들에게 영어는 이제 능력이 아니라 자신의 꿈을 펼치기 위한 핵무기가 되어 가고 있습니다. 눈을 들어 바깥을 보십시오. 영어라는 핵무기 하나만 탑재하면 세계는 너무나 넓고 우리가 할 수 있는 일은 너무나 많습니다.

국내에서 태권도 영어라는 고급프로그램을 적용해서 자신의 도장을 진정한 그 지역의 프리미엄 도장으로 키워 보고 싶은 꿈을 가지고 있는 사람들이나 해외로 나가 태권도 시장을 개척하여 미래의 진취적인 태권도 지도자가 되고 싶은 이들에게 이 책이 많은 도움이 되기를 간절히 기원하겠습니다.

이 책으로 공부하면서 영어라는 장애물에 막혀 접어야 했던 여러분들의 원대한 꿈들을 다시 한 번 그려 보십시오. '대지자 불기망(大志者 不棄忘)'이라는 말이 있습니다. 큰 뜻을 품은 사람은 결코 희망을 버리지 않는다는 의미입니다. 여러분이 꿈꾸는 한 그 꿈은 반드시 이루어집니다(Dreams come true).

감사합니다.

2011년 7월

국제 무도(武道) 지도자 영어 연수원 원장
流水 지칠규

:: Contents

Part 9 _ 무도 영어의 고수가 되는 비결
The secret of the master of
martial arts English / 265

■ 태권도 도장은 영어를 배우는 데 왜 최적의 장소인가?

영어 전문가들이 강조하는 영어를 잘하는 비결은 다음과 같다.

▣ 자신이 관심 있는 분야의 영어를 먼저 공부해라.

영어를 보다 빠르고 효과적으로 익히는 방법은 우선 자신의 관심분야를 학습함으로써 영어를 자신의 것으로 만드는 것이다.

이는 동기유발 학습이론(Motivational Learning Theory)에 바탕을 둔 이론으로 외국어의 습득 속도는 학습자의 학습동기와 정비례하므로 본인의 관심과 직결된 분야일수록 언어를 쉽게 습득할 수가 있다.

그러므로 자신이 관심 있고 익숙한 상태의 학습부터 시작해서 점차 그 영역을 넓혀가야 한다. 예를 들면 골프를 전공한 학생은 자신이 항상 써먹을 수 있는 골프영어부터, 축구를 전공한 학생은 축구영어를 익히고, 태권도나 검도를 전공한 학생은 태권도 영어와 검도 영어를 익히고 나서 다른 영역으로 확대해 나가는 것이 가장 효과적인 영어습득의 지름길이다.

다시 말해 주부가 써먹지도 못할 어려운 경제영어를 익히는 것보다는 집에서 살림하고 쇼핑하고 아이들을 타이르고 훈계하는 회화부터 배우게 되면 날마다 당장 바로 써먹을 수 있기 때문에 집중도와 흥미도가 높아질 수밖에 없는 것과 똑같은 이치이다.

▣ 주위의 영어 학습 환경을 최대한 조성하고 이용해라.

미국서 10년을 살아도 한국인끼리 어울린다면 영어가 늘지 않는다. 그러나 국내에서 공부하더라도 본인의 결심에 따라 영어를 익힐 환경은 얼마든지 만들 수 있다.

자신이 배운 것을 당장 써먹을 수 있는 환경이 조성되고 그 속에서 자신이 자신 있게 말할 수 있다면 영어에 대한 두려움은 사라지고 자신감이 충만하게 된다. 인터넷이나 해외방송보다도 더 파괴력 있는 환경은 자신이 관심 있는 분야에서 항상 365일 동안 영어로 말하고 영어로 듣는 환경 속에서 생활하는 것이다.

왜냐하면 영어는 언어이고 이해하는 과목이 아니라 원리를 익힌 다음에는 수백 번 또는 수천 번씩 듣고 따라서 입으로 말을 해 보아야만 자연스럽게 입 밖으로 나오기 때문이다.

영어는 언어이기 때문에 노출시간과 학습 동기부여에 따라 실력 향상의 차이가 크다. 초등 저학년부터 매일 일정량의 영어를 접하게 함으로써 영어에 노출되는 시간을 지속적으로 늘려서 영어와 친해져야 말하기, 쓰기도 척척 할 수 있는 것이다.

국가영어능력평가시험인 NEAT(National English Ability Test) 역시 말하기나 쓰기 표준화된 모델을 만들어 국가 수준에서 말하기 쓰기 능력시험을 시행해서 실질적인 영어 능력을 향상시키겠다는 것이 특징이다.

▣ 기본적인 생활 영어를 도장에서도 항상 사용하는 환경을 구축하면 자신이 왜 무엇 때문에 영어를 배워야 하는지에 대한 사고체계가 정립되고 더 많은 표현을 자유롭게 하기 위해서 노력하게 된다.

도장에서 지도자들이 아이들에게 날마다 말해주는 영어 300개 문장 정도만 어렸을 때부터 지속적으로 알아듣고 말하는 것이 습관화되기만 하여도 내면에 자신감이 형성되어 외국에 나가서 생활하는 것이 두렵지 않게 된다. 이러한 자신감은 외국어를 배우는 데 있어서 가장 결정적인 역할을 한다.

언어의 본질은 서로 생각과 의견을 말이나 글로 표현하는 의사소통이다. 우리나라의 영어 교육은 그 본질을 제대로 파고들지 못했다. 문법을 위한 문법이 아닌 의사소통을 위한 문법 학습이 필요하다.

도장은 몸으로 움직이면서 운동을 익히는 장소로서 지도자가 영어로 말하는 것을 눈치로 알아듣고 즉각적으로 행동으로 옮기면서 몸으로 영어를 배울 수 있는 최적의 장소이다.

지금까지 한국의 영어 교육은 책상에 가만히 앉아서 수동적으로 억지로 배우는 영어 환경만이 구축되어 있어서 영어 학습자들에게 지속적인 흥미와 동기부여를 주는 데 별다른 효과가 없었다.

영어 선진국들의 경우에는 대부분 영어를 배울 때 행동으로 옮기는 Activity를 통해서 익히게 함으로써 학습자들이 게임을 배우듯이 스트레스를 전혀 받지 않고 공부하는 환경을 제공한다.

학원에서 영어를 배워도 당장 써먹을 수 없는 교육적 환경이 지속되면 아이들은 영어를 수동적으로만 억지로 익힐 뿐 성취감이나 동기부여를 전혀 느낄 수가 없는 것이다. 영어를 배워서 어떻게 사용하는가를 알면 영어를 왜 배워야 하는지를 스스로 깨닫게 된다. 그러므로 영어를 왜 배워야 하는지를 스스로 느끼면 자기 스스로 영어를 공부하는 자기 주도적인 영어 학습관이 몸에 배게 된다.

따라서 도장에서 능동적으로 움직이면서 몸으로 익히는 영어는 아이들에게 지금까지 느껴보지 못했던 전혀 색다른 성취감을 느끼게 해주고 동기부여를 제공해 주는 데 최적의 환경으로서 손색이 없다.

뿐만 아니라 지금까지 영어 학자들이 개발한 가장 효과적인 영어 회화 교수법들인 전신반응 교수법과 활동중심 접근법, 영어 게임지도 교수법을 적용하기에도 가장 적합한 장소가 도장인 것이다.

이러한 교수법들의 교육적 효과를 살펴보면 다음과 같다.

◼ 전신반응 교수법(Total Physical Response: TPR)

1. 의의 및 특징

전신반응 교수법은 1950년대에 James Asher가 창안한 교수법으로, 언어 학습을 신체의 움직임과 연관하여 효과를 보고자 하는 방법으로서 다양한 언어 이론 및 학습 이론들을 바탕으로 한다.

2. 원리

1) 듣기 능력은 말하기보다 훨씬 먼저 발달한다. 따라서 말하기 기능을 길러주기 전에 듣기 능력을 통해 이해하는 능력을 길러야 한다.

2) 성인은 아동들에게 무수한 명령어를 통해 아동의 행동을 만들어 나간다. 아동은 성인의 이러한 명령에 6개월 후에야 답할 수 있다.

3) 발화는 자연스럽게 나타나는 것이지 강요하여 나타나는 것이 아니다. 즉, 아동들이 발화하기까지는 일정한 침묵기(silent period)를 거쳐야 한다.

4) 언어를 학습할 때 신체 활동과 관련지으면 기억에 도움이 된다. 특히, 이 방법은 뇌의 우반구를 활용하게 하는 효과가 있다. 즉, 교사가 연속된 행동을 명령함으로써 (action sequence) 아동들은 이에 대해 사고하면서 행동으로 반응하게 된다.

5) 학습자의 긴장감을 해소해야 한다. 즉, 이 교수법에서는 학습자가 긍정적인 정서 아래서 언어 학습을 하기 때문에 스트레스를 줄이고 성공감을 부여한다.

6) 언어 자료를 통째로 학습하게 한다. 즉, 구조주의 언어학을 기저로 하고 있는 청화식 교수법이 요구하는 것처럼 언어를 음운, 단어, 문장 등의 세부적인 요소로 구분·분석하여 학습하지 않고, 주고받는 언어 단위 그대로의 의미 이해에 강조점을 둔다.

3. 수업 절차

1) 교사가 간단한 명령을 내리면서 행동을 보인다.

2) 서너 명의 아동을 지명하여 앞으로 나오게 한 후, 교사가 함께 행동한다.

3) 전체 아동을 대상으로 명령을 하면 아동들은 행동한다.

4) 속도를 빠르게 하여 명령을 내린다.

5) 명령의 순서를 바꾸거나, 새로운 어휘를 넣어 명령을 내리고 행동하게 한다.

6) 명령을 이용한 게임을 한다.

7) 명령을 내리는 자와 행동을 하는 사람의 역할을 바꾸어 행동을 한다.

4. 활동자료

1) 자료 1

Point to the number.

Show me four fingers.

Point to the picture that shows five.

Point to eight red rods.

Show me the minus sign.

Point to the nearest desk.

Point to the student beside you.

Point to the bee.

Point to the kangaroo.

숫자를 가리켜라.

나에게 네 손가락을 보여줘라.

빨간 무늬 8을 가리켜라.

5가 보이는 그림을 가리켜라.

마이너스 표시를 나에게 보여줘라.

가장 가까운 책상을 가리켜라.

네 옆에 수련생을 가리켜라.

벌을 가리켜라.

캥거루를 가리켜라.

2) 자료 2

일어서라. Stand up.

창문으로 가라. Go to the window.

창밖을 내다봐라. Look out of the window.

창문에서 상체를 내밀다. Lean out of the window.

의자에서 상체를 뒤로 젖히다. Lean back in a chair.

벽에 기대라. Lean against wall.

벽에 기대지 마라. Lean off the wall.

의자에 기대지 마라. Lean off the chair.

머리를 앞으로 기울이다. Lean your head forward.

죽도를 벽에 기대 세우다. Lean your bamboo stick against wall.

창문을 열어라. Open the window.

이리 와라. Come here.

네 자리로 돌아가라. Go back to your place.

앉아라. Sit down.

▣ 활동중심 접근법(Activity Based Approach)

1. 의의

1) 활동중심 접근법은 실제적인 내용을 가르치고자 하는 언어로 학습함으로써 실재적인 언어를 학습시키고자 하는 방법이다.

2) 영어권 사용 국가의 초등학교 수준에서 활동중심 혹은 내용중심 방법(Content Based Approach)으로 광범위하게 사용되고 있다.

2. 특징

1) 학생들이 자기들이 하고 있는 것에 대해 긍정적인 태도를 갖고 있거나, 흥미와 의욕이 높을 때 학습 효과가 높다(Gardner & Lambert, 1972).

2) 각 단원에서 학습하는 언어 내용이 타 교과에서 다루고 있거나, 학생들의 흥미와 관심을 유도할 수 있는 활동이어서 학생들은 주어진 활동을 완수하기 위해 언어를 무의식적으로 사용하게 된다.

3) Krashen(1983)이 주장하는 것처럼 언어를 의식적으로 학습(learning)하는 것이 아니라 무의식적으로 습득(acquisition)하는 효과가 있다.

4) 다양한 활동을 하면서 여러 형태의 언어에 노출되는 효과가 있어 풍부한 언어적 환경(a rich linguistic environment)에 놓이게 되는 장점과 언어를 실제 사용해 보는 (language use) 기회가 증대되는 효과가 있다.

◾ 영어 게임지도 교수법

지도자는 게임, 챈트, 역할극 등을 통해 수련생들을 재미있게 지도한다.

1. 게임의 효과는 다음과 같다.

1) 게임은 학생들의 학습동기를 유발한다.
2) 게임에는 불확실성의 요소가 있어서 학생의 주위를 집중시키며 재미가 있다.
3) 학습의 부담감을 줄여준다.
4) 협동심을 기를 수 있다.
5) 학생들로 하여금 게임을 통한 학습활동에 적극적으로 참여하게 한다.

2. 게임의 예: Picture and Sounds, 말 이어가기 게임, 속삭이기 게임, 빙고게임, RPS 게임, 미트 발차기 게임, 동물 소리맞추기, Speed 퀴즈, Body Language로 단어 표현하기, Team Project, Mentor가 하급자 교육시키기. 수련생이 지도자 인간 로봇 만들기, 체육관 사물 빨리 가져오기

필자의 경험에 의하면 이 3가지 영어 교수법 중에서 도장에 적용하기에 가장 효과적인 영어 교수법은 전신반응 교수법이다.

전신반응 교수법은 지시하는 사람의 말을 듣고 신체활동을 통해 언어를 가르치기 위한 것으로서, 자연스러운 언어 습득이 목적이기 때문에 듣기 기능을 강조한 후 자연스럽게 입에서 영어가 발화되도록 언어적 환경을 유지하는 것이 이 교수법의 특징이기 때문이다.

3. 전신반응 교수법의 특징은 다음과 같다.

1) 사범의 명령에 따라 말에 대한 이해를 바탕으로 실제로 학생들이 움직여 행동함으로써 듣기에 대한 집중력을 기를 수 있다.

2) 언어에 대한 이해를 동작으로 표현함으로써 자기의 성취를 직접 행동으로 확인할 수 있어 학습강화의 효과가 있다.

3) 직접 행동하고 만져보며 이루어진 학습이기 때문에 기억과 회상이 용이해서 오랫동안 기억할 수 있다.

4) 학습자의 긴장감을 해소하고 학습을 용이하게 하며 학습의 흥미를 느끼게 할 수 있다.

5) 수련생 상호 간에 이 게임처럼 연습시키면 표현력과 듣기 연습과 이해 연습이 동시에 이루어진다.

4. 그리고 전신반응 교수법의 구체적인 진행방법을 좀 더 구체적으로 살펴보면 다음과 같다.

1) 전신반응 교수법 실례 1

Instructor: Now, when I give a command, do the opposite.

So, if I say "Don't jump", then you should jump.

(내가 명령을 하면 반대로 해라.

그래서 내가 "점프하지 마라"라고 말하면 그때 너는 점프해야 한다.)

Instructor: Don't stand up. (일어서지 마라.)

Students: (일어선다.)

Instructor: Don't raise your hands. (손을 위로 올리지 마라.)

Students: (손을 위로 올린다.)

Instructor: Now, when I give a command, do the opposite.

(내가 명령을 하면 반대로 해라.)

2) 전신반응 교수법 실례 2

Mama says, Open your eyes.

Mama says, Don't touch your nose.

Mama says, Sit down.

Mama says, Lie on your back.

Mama says, Open your legs wide.

Mama says, Feet together.

Mama says, Put your hands on your head.

엄마가 말한다. 눈을 떠라.

엄마가 말한다. 코를 만지지 마라.

엄마가 말한다. 앉아라.

엄마가 말한다. 천장을 보고 누워라.

엄마가 말한다. 다리를 벌려라.

엄마가 말한다. 다리를 모아라.

엄마가 말한다. 네 손을 머리 위에 놓아라.

3) 전신반응 교수법 실례 3

Point to the number.

Show me four fingers.

Point to the picture that shows five.

Point to eight red rods.

Show me the minus sign.

Point to the nearest desk.

Point to the student beside you.

Point to the bee.

Point to the window.

숫자를 가리켜라.

나에게 네 손가락을 보여줘라.

5가 보이는 그림을 가리켜라.

빨간 무늬 8을 가리켜라.

마이너스 표시를 나에게 보여줘라.

가장 가까운 책상을 보여줘라.

네 옆에 학생을 가리켜라.

벌을 가리켜라.

창문을 가리켜라.

4) 전신반응 교수법 실례 4

서라. Stand up.

앉아라. Sit down.

이리 와라. Come here.

창문으로 가라. Go to the window.

네 자리로 돌아가라. Go back to your place.

창문을 보아라. Look out of the window.

창문에서 상체를 내밀다. Lean out of the window.

의자에서 상체를 뒤로 젖히다. Lean back in a chair.

문을 닫아라. Shut the door.

Part 4
공개승급심사 영어
Public promotion test in English

태권도 공개승급심사 영어
Public promotion test in English

1) 태권도 공개승급심사 영어 Taekwondo promotion test in English

(1) 출석 체크 및 집합 Taking a roll and gathering

출석을 체크하겠다.

I will take(call) roll now.

모두 출석했습니까?

Is everybody here?

출석하지 않은 사람 있나?

Is there anyone who is not present?

무단결석은 하지 않도록 해라.

You should never be absent without notice.

아픈 사람 있습니까?

Is there anyone (who is) sick?

철수, 아파요? Chul-su, are you ill?

(= Chul-su, are you sick? / Chul-su, are you in pain?)

어디가 아프니?

Where does it hurt?

약은 먹었니?

Did you take medicine?

먼저 몸을 가볍게 풀고 본 심사에 들어갈 것이다.

Let's warm up first and then we will begin the promotion test.

1열 The first row

2열 The second row

3열 The third row

좌향좌 Face(= Turn) left.

우향우 Face(= Turn) right.

기준 You don't move, stay still.

체조대형으로 펼쳐 Let's spread out for warming up.

양팔 간격으로 펼쳐 Keep at arms length apart, go! move!

좌우로 나란히 Eyes center!

앞으로 나란히 Eyes in front!

바로 Eyes center. (= Eyes straight-ahead).

모두 뛰어와라.

Everybody come running.

모두 구보.

Everybody run.

전속력으로 달려.

Run at full speed.

발 맞춰.

Step in time.

여기로 와라.

Come on over here. (= Come this way.)

그쪽으로 가지 마라.

Don't go that way.

자리를 비켜 줘라.

Go(= Get) away.

(2) 준비운동 1 Warming up 1

일어서라.

Stand up please.

준비운동을 하자.

Let's warm up.

기준

You! Don't move, stay still.

내가 "Go"라고 하면 체조대형으로 벌려라.

When I say "Go", spread out for warming up.

양팔 간격 체조대형으로 벌려!

Keep at arms-length apart, go!

좌우로 나란히!

Left, right, attention! (= Eyes center!)

앞으로 나란히!

Eyes in front!

바로

Eyes front.

정렬(제자리에 서)

Line up.

우향우!

Face(= Turn) right!

좌향좌!

Face(= Turn) left!

움직이지 마! 전체, 차렷!

Don't move! Everyone, attention!

팔다리 벌려 뛰기 30회 시작!

Let's begin 30 times jumping jacks!

5번 더 빨리(느리게).

5 times again faster(slower).

팔굽혀펴기 50회 시작.

50 times Push ups! Ready! Let's go.

손목발목운동, 하나, 둘, 셋, 넷.

Wrist and ankle ups, one, two, three, four.

무릎운동, 하나, 둘, 셋, 넷.

Knee warm ups, one, two, three, four.

손목 돌리기, 하나, 둘, 셋, 넷.

Wrist rotation, one, two, three, four.

발목 돌리기, 하나, 둘, 셋, 넷.

Ankle rotation, one, two, three, four.

허리 돌리기, 하나, 둘, 셋, 넷.

Hip rotation, one, two, three, four.

몸통 돌리기, 하나, 둘, 셋, 넷.

Trunk rotation, one, two, three, four.

어깨 돌리기, 하나, 둘, 셋, 넷.

Shoulders shrugs, one, two, three, four.

목 돌리기, 하나, 둘, 셋, 넷.

Neck rotation, one, two, three, four.

물구나무서기, 20초.

Hand standing, 20 seconds.

제자리 뜀뛰기, 20회.

Jump in position, 20 times.

숨쉬기 운동!

Take a breather!

3분간 휴식

Take three minutes rest(= breather).

(3) 준비운동 2 Warming up 2

일어서라.

Stand up please.

준비됐습니까?

Are you ready?

발을 모으고, "네"라고 대답해라.

Feet together and say "Yes, sir."

발가락으로 서라.

Stand with your toes.

손가락을 깍지 끼고, 양팔을 앞으로 쫙 펴라.

Cross / your fingers and stretch your arms forward.

손을 위로 올리고 상체를 구부린 채 양손을 등 뒤로.

Raise up / your hands and put your hands on behind you with your upper body bent.

앉아라.

Have a seat. (= Sit down please.)

발 모아 흔들어주기.

Feet together and shakes.

오른발을 잡고 천장으로 쫙 펴라.

Hold / your right foot and stretch it to the ceiling.

계속해서 무릎을 쭉 펴고, 천장을 봐라.

Keep / stretching your knee and look at the ceiling.

반대로.

Switch direction.

오른 발목을 돌려라.

Right ankle rotation.

반대편.

Other direction.

다리를 넓게 벌리고 여러분의 머리를 <u>오른쪽과 왼쪽으로</u> 숙여라.

Open / your legs / wide and bend / your head / <u>to the right side and left side.</u>

(= Spread / your legs / wide apart and bend / your head / to the right side and left side.)

중앙으로 여러분의 머리를 숙이고 발목을 잡아라.

Hang down(= bow, bend, drop, sink) / your head / to the center and hold / your ankles.

중앙으로 머리를 숙여 코를 바닥으로 놓고 멈춰라.

Put your nose on the floor and stay down.

(= Put / your nose / on the floor and stop(= pause) / for a while.)

계속해서 발과 코를 바닥에 그대로 유지해라.

Keep / holding your feet and nose / to the floor.

양손으로 왼쪽 발바닥을 잡고 앞으로 쭉 펴라.

Hold / soles of your left feet / with both hands and straighten / your arms / forward.

반대로

Switch direction.

나비모양을 만들고 양 무릎을 흔들어라.

Make a butterfly shape and shake off / your both knees.

무릎 잡고 무릎을 돌리라.

Hold / your knees and rotate(= roll) / your knees.

반대로

Switch direction.

허리 잡고 허리를 돌려라.

Hold / your waist and rotate / your waist.

반대로

Switch direction.

모두 어깨를 돌려라.

Everybody shoulder rotation.

반대로

Other direction.

목을 돌려라.

Neck rotation.

반대로

Other direction.

숨쉬기 운동!

Take a breather!

2분간 휴식.

Take two minutes rest(= breather).

(4) 본 심사 정렬 준비 Ready for arrangement of the test

서라, 한 줄로.

Stand / in a line.

서라, 일직선으로.

Stand / in a straight line.

서라, 3열 횡대로.

Stand / in three horizontal line.

서라, 4열 횡대로.

Stand / in four horizontal line.

서라, 3열 종대로.

Stand / in three vertical line.

서라, 4열 종대로.

Stand / in four vertical line.

2열과 3열 사이의 간격을 좁혀라.

Close up / between the second and third row.

두 발 사이의 간격을 좁혀라.

Narrow / the distance between the two feet.

영수와 철수 사이에 앉아라.

Sit / between Young-su and Chul-su.

간격을 넓혀라, 약간의 공간을 만들기 위해, 옆 사람과의.

Spread out / to create some space / with the person beside you.

1열, 한 걸음 앞으로.

The first row, one step forward.

2열, 두 걸음 뒤로.

The second row, two step back.

1열, 왼쪽으로 한걸음 옮겨라.

The first row, move / one step / to your left side(= to the left side).

마지막 열, 오른쪽으로 두 걸음 옮겨라.

The last row, move / two step / to your right side(= to the right side).

기준

You! Don't move stay(= keep) / still.

체조대형으로 펼쳐!

Spread out / for warming up!

양팔간격 간격 좌우로 나란히!

keep / at arms length apart!

좌향좌!

Left face! (= Face left!)

우향우!

Right face! (= Face right!)

좌우로 나란히!

Eyes center!

앞으로 나란히!

Eye in front!

바로

Eye front.

정좌

Sit / up straight.

쪼그려 앉아.

Sit / on your heels.

무릎 앉아.

Sit / on your knees.

책상다리 Sit down and cross your legs in a sitting position.

(= Sit / with your legs crossed.)

편히 앉아.

Sit / in a comfortable position.

앉아라, 다리를 쭉 펴고.

Sit down / with stretched legs.

전체, 경희 박수 준비.

Everyone, ready for Kyunghee clap.

박수 3번, 머리 위에 손. 양손은 무릎 위에 놓고 가슴을 편다. 어깨는 뒤로 편다.

Clap / three times, put your hands on your head. Put your hands on your knees and thrust out / your chest. Pull back / your shoulders.

명상

Meditation.

두 눈을 감고 마음을 가다듬어라.

Close your eyes and make a peace of mind.

눈을 뜨고 일어서라.

Open your eyes and stand up.

(5) 개회식 Opening ceremony

그럼 지금으로부터 제85회 경희대 체육관 공개승급심사를 시작하겠습니다.

From now on, we will begin the 85th promotion test.

자리에 앉아 계신 학부형님들께서는 자리에서 일어나 국기를 향해 주시기 바랍니다.
I beg my student's parents who sitting on the chair to stand up and stand to flag.

(6) 국기에 대하여 경례 Bow to flag

차렷, 국기에 대한 경례.
Attention, bow to flag.

나는 자랑스러운 태극기 앞에 자유롭고 정의로운 대한민국의 영광을 위하여 몸과 마음을 바쳐 충성을 다할 것을 굳게 다짐합니다.
I pledge allegiance to the flag of republic of korea and to the free and righteous nation's glory with full loyalty.

(7) 수련생 신조 Principle of the student

부모를 존경해라.
Respect / your parents.

부모에게 복종하라.
Obey / your parents.

나라에 충성하라.
Be loyal / to your country.

바로
Eyes front.

내가 호명하는 수련생은 "예" 하고 빨리 앞으로 나온다.
The practitioner who is called by me, say "Yes, sir" and come to the front fast.

이름을 부르면 큰 소리로 대답하고 나온다.

When your name is called reply loudly.

자신 있게 대답해.

Answer confidently.

다음 심사는 품새이다.

Next test is poomsae.

도복을 고쳐 입어라. 벨트를 똑바로 매라.

Fix your uniform. Fasten your belt properly.

태극 1장, <u>구령에 맞춰서 시작.</u>

Taegeuk 1 jang, begin / at a word of command.

태극 1장, <u>구령 없이 시작.</u>

Taegeuk 1 jang, begin / without command.

동작은 천천히 딱딱 끊어서 절도 있게 해야 한다.

You must make your motion moderate.

양팔에 힘을 넣어라.

Put power / in your arms.

태극 3장, 구령 없이 시작.

Taegeuk 3 jang, begin without command.

옆 사람과 맞춰서 천천히 실시한다.

Go / with the person beside you.

도복소리가 팍팍 나도록 한다.

You must make your uniform sound loudly.

나는 누가 더 잘하는지 지켜볼 것이다.

I will see who is better.

나는(사범님은) 얼마나 힘이 들어가는지 지켜볼 것이다.

I will watch how much to gain strength.

<u>누가 가장 높이 올라가는지 지켜볼 것이다.</u>

<u>I will watch who will raise highest.</u>

나는 얼마나 높이 올라가는지 지켜볼 것이다.

I will watch how high to raise.

노란 띠는 빨간 띠에 맞춰서 실시한다.

Yellow belt, go with the red belt.

빨간 띠 뒤로 돌아.

Red belt turn around.

빨간 띠 무릎 앉아.

Red belt / sit on your knees.

자세를 바꿔라.

Change your posture.

자세를 바로잡아라.

Correct your posture.

너는 좋은 자세를 가졌다.

You have a good posture.

(8) 기본 동작과 기본 발차기 Basic motion and basic kicking

다음 심사는 기본 동작과 기본 발차기이다.

Next testing is basis motion and basic kick.

기본 발차기를 할 때는 자기 앞에 표적이 있다고 생각하면서 차야 한다.

When you do basic kick, you have to kick while thinking target is in front of you.

다 같이 구령에 맞춰서.

Everyone, at the word of command.

발차기를 할 때는 먼저 무릎을 접었다가 펴면서 차야 한다.

When you do kicking, you have to kick fold your knee first and then folding out / your knee.

양다리에 힘을 넣어라.

Put power / in your legs.

오른발 뒤로 빠지며 아래막기.

Stepping back / with your right foot and low block.

몸통막기

Trunk block.

얼굴막기

Face block.

뻗어 올리기, 배꼽 가까이(가슴 가까이 / 목 가까이 / 머리 가까이) 찬다.

Stretched kick / close to your navel.

Stretched kick / close to your chest.

Stretched kick / close to your neck.

Stretched kick / close to your head.

앞차기를 차라, 배꼽 높이까지(가슴 높이까지 / 목 높이까지 / 얼굴 높이까지 / 머리 높이까지).

Kick the front kick / to the high of your navel.

Kick the front kick / to the high of your chest.

Kick the front kick / to the high of your neck.

Kick the front kick / to the high of your face.

Kick the front kick / to the high of your head.

앞차고 돌려 차고 뒤차고 뒤후려차고 뒤로 돌아.

Front kick, round house kick, back spin kick and turn around.

앞차고 뛰어 앞차고 뒤로 돌아.

Front kick, jump front kick and turn around.

전열 뒤로 돌아.

First low, turn around.

후열 뒤로돌아.

Second low, turn around.

(9) 미트 발차기 Mitt kicking

다음 심사는 미트 발차기이다.

Next test is mitt kick.

[2단 차기] 왼발 먼저 차고 그 다음에 오른발 찬다.

Kick your left foot <u>first and then</u> kick your right foot.

뛰어 높이차기.

Jumping high kick.

뛰어 앞차기 3방차기.

Jumping front kick three times.

다음 심사는 체조심사이다.

Next testing is gymnastics.

다음 심사는 수기호신술이다.

Next testing is hand self defense(= self protection).

다 같이 구령에 맞춰서, 시작.

At the word of command, begin.

(10) 송판 격파 Breaking board

다음 심사는 송판 격파이다.

Next test is the board breaking.

(11) 벽돌 격파 Breaking bricks

다음 심사는 벽돌 격파이다.

Next test is the brick breaking.

(12) 기왓장 격파 Breaking tiles

다음 심사는 기왓장 격파이다.

Next test is the tile breaking.

(13) 얼음 격파 Breaking ices

다음 심사는 얼음 격파이다.

Next test is the ice breaking.

할 수 있겠지?

Can you do it?

나는 네가 할 수 있다고 생각한다.

I think that you can do it.

너는 이번에는 틀림없이 성공할 것이다.

You're sure to succeed this time.

그래 맞다, 그렇게 하는 거야(너는 해냈어).

That's right, you made it.

그(그녀)에게 박수를 쳐주자.

Let's give him(her) a big hand.

흰 띠(청띠)에게 박수를 쳐주자 .

Let's give a white(blue) belt a big hand.

시범단을 박수로 맞이하자.

Let's receive(= greet) our demonstration team with a hand clapping.

시범단을 우레와 같은 박수로 환영하자.

Let's receive(greet) our demonstration team with a thunderous applause.

<u>시범단에게 큰 박수를 쳐주자.</u>

<u>Let's give the demonstration team a big hand.</u>

영수에게 큰 박수를 쳐주자.

Let's give Young-su a big hand.

손님에게 박수를 보냅시다.

Let's give our guest a big hand.

우리의 아이들에게 박수를 보내자.

Let's give our children a big hand.

힘내라.

More power to your elbow.

크게 코로 숨을 들이마시고, 입으로 내뱉어라.

Inhale by(= through) your nose and exhale by(= through) your mouth.

자신감은 모든 성공의 기초이다.

Self confidence is foundation of all success.

너는 자신감이 필요하다.

You need confidence.

너는 자신감을 가져야만 한다.

You have to have confidence.

너는 강한 마음과 몸이 필요하다.

You need strong body and mind.

내가 그것을 할 수 있다고 생각하면 할 수 있지만, 내가 그것을 할 수 없다고 생각하면 할 수 없다.

If you think that you can do it, you can do it but if you think that you can't do it, I can't do it.

한 번도 실패해 보지 않는 사람은 아무것도 성취할 수가 없다.

He who never made mistake, never made anything.

신념은 핵폭탄보다도 더 강하다.

The faith is stronger than the nuclear bomb.

그도 그것을 할 수 있고 / 그녀도 그것을 할 수 있는데 / 나는 왜 안 되는가?

He can do it. / She can do it. / Why not me?

나를 따라서 크게 외쳐 본다.

Repeat after me, shout loudly.

나는 할 수 있다.

I can do it.

나는 자신이 있다.

I have a confidence.

좀 더 크게 한 번 더.

One more time louder

(14) 낙법 Break-falls

다음 심사는 낙법이다.

Next test is the breakfalls.

전방낙법 / 후방낙법 / 측방낙법 / 회전낙법 / 장애물낙법 / 종합낙법 준비, 시작.

Ready for the forward breakfall, go.

Ready for the backward breakfall, go.

Ready for the side breakfall, go.

Ready for the rolling breakfall, go.

Ready for the obstacle breakfall, go.

Ready for the combined breakfall, go.

combined: (형용사) 연합한

회전운동 Rotary motion
회전속도 Speed of rotation(= revolution)
1회전하다 Make one rotation.
2회전하다 Make two rotation.
시계방향 회전 Clockwise(= right-handed)
시계반대방향 회전 Counterclockwise

<u>시계방향으로</u> 회전하라.

Turn your body <u>by clockwise(= right-handed).</u>

시계반대방향으로 회전하라.

Turn your body by counterclockwise.

속도를 올려라.

Rev up.

속도를 내려라.

Rev down.

바퀴는 축을 중심으로 회전해라.

Wheel turns on its axis.

(15) 약속 겨루기 One step sparring

다음 심사는 약속 겨루기이다.

Next test is one step sparring.

우선, 구분동작으로 보여준 다음에 연속동작으로 보여준다.

First, you show you divided motion and then whole motion.

우선 이쪽 줄은 막기하고 그런 다음 공격해라.

This line do block first and then attack.

먼저 이쪽 줄이 아래막기한다.

This line goes low block first.

다음 심사는 학교체육이다.

Next test is school physical education.

다음 심사는 줄넘기이다.

Next test is skipping rope.

다음 심사는 뜀틀 넘기이다.

Next test is vault.

다음 심사는 제자리멀리뛰기이다.

Next test is the standing board jump.

(16) 유연성 테스트 Flexibility test

다음 심사는 유연성 테스트이다.

The next test is flexibility test.

(17) 자유 겨루기 Free sparring

다음 심사는 자유 겨루기이다.

The next test is sparring.

모든 보호장구를 착용해라.

Put your all guard gear on.

Tip. 보호기구 종류 Guard gears

모든 보호기구 All guard gear
보호구(防護具) Guard
마스크 Nose guard
머리보호대 Head guard
몸통보호대 Trunk guard
팔목보호대 Wrist guard
허리보호대 Waist guard
낭심보호대 Groin guard
정강이보호대 Shin guard

cf. 의료기구 Medical gear / 낚시도구 Fishing gear

호구(정강이보호대 / 팔목보호대 / 낭심보호대 / 헤드기어)를 착용해라.

Put your chest guard on.

Put your shin guard on.

Put your arm guard on.

Put your groin guard on

Put your head guard on.

잠시 주의 말씀을 전달합니다.

Let me give you a word of caution.

(= Let me give you a piece of advice.)

너희들이 겨루기 수련을 할 때 상대방의 얼굴을 차지 마라.

When you do sparring, don't kick your partner's face.

그리고 너의 동료를 강하게 차지 마라.

And don't kick your partner hard.

너의 파트너가 바닥에 넘어졌을 때 공격하지 마라.

When your partner fall down, don't attack.

너의 파트너가 바닥에 넘어졌을 때 차거나 치지 마라.

When your partner fall down, don't kick and punch.

상대방이 쓰러져 넘어졌을 때는 반드시 그를 도와줘야 한다.

When your partner fall down, you have to help him.

내가 "그만"할 때까지 계속해라.

Continue(= Keep) until I say "Stop."

상대방이 다치지 않도록 조심해라.

Be careful, not to hurt your partner.

청호구, 경고 1개.

Blue, one warning.

적호구, 감점 1점.

Red, one demerit(= deduction).

계속.

Continue.

갈려.

Break.

그만.

Stop.

홍, 승. Red, winner.

너는 <u>2점 차이로</u> 이겼다.

You win the game <u>by two point.</u>

상호 간에 경례

Bow to your partner.

상호 간에 악수하고 서로 끌어안아라.

Shake hands and hug each other.

너는 파트너를 서로 꽉 껴안아라.

You give your partner a hard hug.

수고했다. 네 자리로 돌아가서 앉아라.

Well done. Go back to your original position and take your seat.

호구 (가슴보호대 / 정강이보호대 / 팔목보호대 / 헤드기어) 벗어.

Take your all guard gear off.

Take your chest guard gear off.

Take your shin guard gear off.

Take your arm guard gear off.

Take your head gear off.

(18) 발표력 심사 Presentation test

다음 심사는 발표력 심사이다.
The next test is an announcement.

발표력은 모든 성공의 기초이다.
Presentation is foundation of all your success.

새로운 경험에 대해서 두려워하지 마라.
Don't be afraid of new experience.

너는 너무 긴장해 있다. 너무 긴장하지 마라.
Your tension is high. Don't overstrain yourself.

누구나 처음에는 남 앞에서 발표하는 것은 매우 떨리고 긴장된다. 그러나 자꾸 연습하고 연습하다 보면 누구나 발표를 잘할 수 있다.
It is very tremble and is strained to present in front of others everyone at first. But if you practice again and again and everyone can do presentation well.

(19) 발성 연습

발성 연습 준비, 시작.
Ready for vocalization, begin.

준비되었나?
Are you ready?

(20) 발표력 Presentation

발표력 준비, 시작.
Ready for an announcement, begin.

먼저 한국어로 말한 다음에 영어로 말해라.

Speak Korean first and then speak in English.

누가 먼저 발표할래?

Who is going to present first? (= Who is going to go first?)

[태권도 정신] 태권도 정신 1, 시작.

The spirit of Taekwondo number 1, begin.

[태권도 정신] 태권도 정신 2, 시작.

The spirit of Taekwondo number 2, begin

[태권도 정신] 무도인의 맹세, 시작.

The oath of Mudo-in, begin.

[자기소개] 친구들에게 너 자신을 소개하도록 해라.

Please introduce yourself to the class.

[가족소개] 네 가족을 소개하도록 해라.

Please introduce your family.

[수행지침] "욕승인지 필선자승"이 의미하는 것은 무엇이냐?

What is the meaning of the "욕승인자 필선자승"?

(= What does "욕승인자 필선자승" mean?)

이 구절을 어떤 의미로 해석하느냐?

How do you interpret this passage?

(= How do you take this passage?)

이 말의 의미가 무엇이냐?

What does this word mean?

나쁜 의미(의도)로 말한 것은 아니다.

I meant no ill will. (= I don't meant hurt you.)

괜찮다. 네가 계속 연습하면 너는 잘할 것이다.

No problem. If you keep practicing you will do well.

다시 한 번 시도해라.

Try it again.

아주 잘했어.

Very good. (= Excellent. / You did good job.)

호명하면(너의 이름이 불릴 때) 대답해라.

Answer when your name is called please.

호명하면(너의 이름이 불릴 때) 앞으로 나와라.

When your name is called, come to the front.

나는 여러분에게 질문을 할 것이다. 만약 여러분이 내 질문에 답을 안다면 여러분의 오른손을 들어라.

I'll give you a question. If you know answer to my question, raise up your right hand.

내 질문에 대답하시오.

Answer my question.

(= Give(= Make) me an answer.)

내가 여러분에게 질문하면 여러분은 영어로 답해야 한다.

When I ask you a question, you have to answer to my question.

만약 이 질문에 여러분이 올바른 답을 준다면 나는 여러분에게 만 원을 줄 것이다.

If you give the right answer to this question, I'll give you 10,000(ten thousand) won.

만약 이 질문에 여러분이 올바른 답을 준다면 여러분은 상점을 받을 것이다.

If you give the right answer to this question, you'll receive the merit point.

노무현 다음의 대통령은 누구였습니까?

Who was the president after Roh, Moo-hyun?

어머님(아버님) / 할아버지(할머니) / 외할아버지(외할머니) / 선생님(관장님) 함자는 무엇인가?

What is your mother's(father's) name?

What is your grandfather's(grandmother's) name?

What is your maternal grandfather's(maternal grandmother's) name?

What is your teacher's(master's) name?

나는 할머니 성함이 생각나지 않는다.

I can't think of grandmother's name.

나는 적절한 말이 떠오르지 않는다.

I can't think of right word.

잠깐 생각하도록 허락해 주세요.

Let me think a moment(= for a minute).

생각할 시간 좀 주시겠어요?

Could you give me a time to think?

나는 정확한 답을 모르겠다.

I don't know right answer.

나는 무슨 말을 해야 할지 모르겠습니다(잘 모르겠습니다).

I don't know what to say.

잘 기억이 나지 않는다.

I don't remember it.

너는 나에게 한마디도 대답하지 않았다.

You didn't answer me a word.

체육관에서 집에 갔을 때 너는 어머님(아버님)께 어떻게 인사하지?

When you went back to your house, how do you greet to your mother(father)?

체육관에 왔을 때 너는 관장님(총관장님)께 어떻게 인사하지?

When you come to your gym, how do you greet to your master(grand master)?

너의 취미는 무엇이냐?

What is your hobby?

너는 장래에 무엇을 하기를 원하니?

What do you want to do in the future?

너의 장래희망은 무엇이냐?

What is your dream?

너는 커서 무엇이 되고 싶은가?

What are you going to be when you grow up?

나는 수퍼스타가 되고 싶다.

I'm going to be a superstar.

너는 커서 무엇이라고 불리고 싶은가?

What would like to be called when you grow up?

나는 불사조라고 불리고 싶다.

I'd like to be called "phoenix."

너는 너의 부모님께 무엇을 드리고 싶은가?

What would like to give your parents?

너는 나를 위해 무엇을 할 수 있는가?

What can you do for me?

나는 네가 원하는 것은 무엇이든지 할 수 있다.

I can do whatever you want.

너는 어떤 잠재능력을 가지고 있니?

What potential do you have?

나는 의사(소방수 / 선생님 / 사범 / 과학자)가(이) 되고 싶습니다.

I want to be a doctor.

I want to be a fireman.

I want to be a teacher.

I want to be a instructor.

I want to be a scientist.

너는 어떤 학교에 다니느냐?

Where(= Which school) do you go to school?

너는 무엇을 전공하느냐?

What are you majoring in?

너는 어떤 과목(운동)에 더 정통하니?

Which subject are you more familiar with?

Which exercise are you more familiar with?

너는 몇 학년이냐?

What year(= grade) are you in?

나는 1학년(2학년 / 3학년 / 4학년 / 5학년 / 6학년)입니다.

I am in a first year(= grade) student.

I am in a second year(= grade) student.

I am in a third year(= grade) student.

I am in a fourth year(= grade) student.

I am in a fifth year(= grade) student.

I am in a sixth year(= grade) student.

네가 이 세상에서 가장 좋아하는 사람은 누구인가?

Who do you like best person in the world?

엄마 또는 아빠 중에 누가 더 좋은가?

Who do you like better father or mother?

품새와 겨루기 중에 어느 것이 더 좋은가?

Which do you like better poomsae or sparring?

일 년에는 사계절이 있어요. 여러분은 무엇인지 알고 있나요?

그것들은 봄, 여름, 가을, 겨울이에요.

There are four season in a year. Do you know what they are?

They are spring, summer, fall, and winter.

어느 계절을 가장 좋아하는가?

Which season do you like best?

가장 좋아하는 계절은 무엇인가?

What is your favorite season?

너는 겨울을 좋아하니?

Do you like winter?

예, 나는 겨울을 좋아합니다.

Yes, I like winter.

가장 좋아하는 음식(영화 / 책 / 과목 / 운동)은(는) 무엇인가?

What is your favorite food?

What is your favorite movie?

What is your favorite book?

What is your favorite subject?

What is your favorite exercise?

나의 가장 좋아하는 음식은 김치이다.

My favorite food is Kimchi.

나의 가장 좋아하는 책은 역사책이다.

My favorite book is history book.

나의 가장 좋아하는 운동은 태권도이다.

My favorite exercise is Taekwondo.

가장 좋아하는 가수는 누구인가?

Who is your favorite singer?

가장 좋아하는 드라마는 무엇인가?

What is your favorite drama?

너의 생일은 언제니?

When is your birthday?

너의 아버지 생신은 언제니?

When is your father birthday?

너는 생일날 무엇을 하고 싶니?

What will you want to do on your birthday?

나는 파티를 하고 싶다.

I want to have a party.

작년 생일에 너는 무엇을 받았니?

What did you get for your birthday?

너는 생일날 무엇을 했니?

What did you do on your birthday?

너는 토요일(일요일)에 무엇을 했니?

What did you do on Saturday?

What did you do on Sunday?

너는 영어로 말할 수 있니?

Can you speak in English?

그것은 스펠링이 무엇이냐?

How do you spell it?

나는 다음에 무엇을 할 것인지(왜 늦었는지)를 물었다. [3형식]

I asked what to do next.

I asked why you are late.

나는 왜 결석했는지(떠들었는지)를 물었다. [3형식]

I asked why you are absent.

I asked why you make a noise.

나는 너에게 어떻게 도복을 고쳐 입는지(상자를 여는지 / 송판을 깨는지 / 얼굴을 막는지 / 받아차기를 하는지) 물었다. [4형식]

I asked you how to fix your uniform.

I asked you how to open the box.

I asked you how to break the board.

I asked you how to block the face.

I asked you how to kick the counter kick.

나는 너에게 너의 취미(특기 / 주소)가 무엇인지 물었다. [4형식]

I asked you what your hobby is.

I asked you what your special ability is.

I asked you what you address is.

나는 너에게 몇 학년인지를 물었다. [4형식]

I asked you what year are you in?

나는 너에게 몇 살인지를 물었다. [4형식]

I asked you how old you are?

나는 너에게 어떤 운동에 정통한지를 물었다. [4형식]

I asked you which exercise are you familiar with?

나는 너에게 서로 싸운(떠든 / 실패한 / 넘어진 / 성공한) 이유를 물었다.   [4형식]

I asked you the reason to fight.

I asked you the reason to make a noise.

I asked you the reason to fail.

I asked you the reason to fall down.

I asked you the reason to succeed.

나는 너에게 결혼해 달라고 간청했다. [5형식]

I begged you to marry.

네가 이 상황이라면 어떻게 하겠니?

What would you do in this situation?

나는 무슨 뜻인지 알겠다.

I know what you mean(와류민).

한 가지 부탁할 일이 있어. [4형식]

I want to ask you a favor.

나에게 무슨 일이 있었는지 말해줄래? [4형식]

Tell me what happened to you?

어제 나에게 무슨 일이 있었는지 말했던가?

Did I tell you what happened to me yesterday?

질문 있니?

Do you have a question to ask?

전체 일어서. 수고했다. 네 자리로 돌아가서 앉아라.

Everybody stand up. You did good job(= Well done).

Go back to your original position and take your seat.

전체 본 대형으로 집합

Everybody come together.

모두 흩어져서 제자리로 돌아가라.

Scatter everyone, go back to your original position.

먼저 검은 띠들은 앞줄에 서고, 품띠들은 두 번째 줄에 서고, 나머지 띠들은 다음 열에 선다.

First, black belts stand the front row, poom belts stand the second row, the others belts stand the next rows.

(21) 품(단)증 수여식 Awarding of ceremony

여러분이 알다시피 유단자가 되기 위해서는 태권도는 엄격한 규칙을 가지고 있다. 도장 안에서든 밖에서든 여러분들은 그 규칙을 꼭 지켜야 한다.

As you know, Taekwondo has strict rules to be a real black belt. You must follow(= keep) by them both inside the dojang and outside it as well.

어떻게 다른 사람들이 행동해야 하는지에 대하여 유단자는 좋은 본보기가 되어야 한다. 유단자가 되었을 때 관장님과 사범님, 도장, 태권도, 그리고 여러분 자신들의 평판 또한 여러분의 올바른 행동에 모두 달려 있다.

A black belt must be a good example for how others should(= ought to) behave. When you become a black belt, the reputation of your master, instructer, your dojang, your art as well as yourself all depend on your good behavior.

이것은 여러분이 더 빨리, 더 강하게 지르고 차는 것뿐만 아니라 부모님과 학교 선생님, 다른 학생들과 친구들에게도 조력자가 되는 것을 의미한다. 유단자가 된다는 것은 큰 영예이고 또한 책임감이기도 하다.

This mean that you must not only kicking and punching faster and stronger but also become an assistant to your parents, school teachers, other students, friends. Being a black belt is a great honour and also responsibility.

후에 도장에 들어온 수련생들은 여러분을 선배로서 존경하게 될 것이다. 심사를 보지 않더라도 다른 수련생들을 지지해주기 위해 심사에 참석해라.

The students who join the school after you will respect you as a senior students. Attend promotion test even if you are not testing in order to support other students.

다른 학생들이 그들의 기술을 발전시키도록 돕기 위해서 시간을 가져라. 다른 수련생들을 도와는 것에 의해서 너는 스스로 중요한 교훈을 배우고 있다는 것을 발견할 것이다.

Have a time to help other student to develop their techniques. You will find that you are learning important lessons by helping other student.

여러분이 도장 밖에 있을 때조차도 너희들은 여러분의 도장을 대표한다. 이러한 책임을 가볍게 여겨서는 안 된다. 항상 여러분의 도장을 존중하고 여러분의 도장을 명예롭게 대표해야 한다. 이것은 단지 여러분이 호신술 안에서(호신술로서) 여러분의 태권도 기술을 사용하는 것을 의미한다. 여러분이 사범님의 도장의 일원이라는 것을 여러분의 사범님이 자랑스럽도록 만들어라.

Even when you are outside the dojang, you represent your Taekwondo school(dojang). Don't take this responsibility lightly. Always respect your Taekwondo school(dojang) and represent your school honorably. This means only using Taekwondo techniques in self defense. Make your instructor proud that you are a member of his(her) Taekwondo school.

(22) 폐회식 Closing ceremony

지금부터 우리는 상 수여식을 시작하겠습니다.

From now on, we will begin a prize-awarding ceremony.

시험성적은 다음 주 화요일에 발표될 것이다.

The result of the examination will be announced next Tuesday.

바쁜 와중에도 자녀들을 위해 귀한 시간 내어 참석해 주셔서 감사합니다.

Thank you for participation.

학부형님들께 진심으로 감사의 말씀을 드리겠습니다.

I'd like to give my parents words(= a speech) of thanks from the bottom of my heart one more time.

뭐라 감사의 말씀을 드려야 할지 모르겠습니다.

I don't know how to express my thanks.

모두 뒤로 돌아, 부모님께 대하여 큰절!

Turn around, bow to your parents.

이상으로 제85회 경희대 체육관 공개승급심사를 끝마치겠습니다. 대단히 감사합니다. 다음에 뵙겠습니다.

We will finish 85th Kyunghee gym's belt promotion test. Thank you very much. See you again.

2) 공개승급심사 도중 연결어 Connection words for promotion test

(1) 준비운동 및 정리운동 Warming up and finishing up

먼저, 준비운동부터 하자.

Let's go warm up / first.

모두 내 구령에 맞춰서 실시한다.

Everyone do / by my count.

모두 자신의 구령에 맞춰서 실시한다.

Everyone do it / by your own count.

크게 코로 숨을 들이마시고, 입으로 내뱉어라.

Inhale through your nose, exhale through your mouth.

숨 들이마시고, 내뱉고, 심호흡을 크게 하라.

Breath in, breath out, deep breath in.

(2) 주먹지르기 및 수기호신술 Punching and self defense techniques

구령에 맞춰서, 시작.

At the word of command, begin.

구령 없이 시작.

Without command begin.

기합 없이 두 번 지르기, 하나.

Without yelling double(= twice) punch, one.

기합 없이 세 번 지르기, 하나.

Without yelling triple(= three times) punch, one.

앞차기 10개 빠르고 정확하게.

Do front kick 10 times fast and accurately.

뒤로 1보 가.

Move one step back.

수기호신술, 스스로 구령 붙여서.

Do self defense techniques by your own count.

수기호신술, <u>내 구령에 맞춰서.</u>

Do self defense techniques <u>by my count.</u>

수기호신술, 편손끝지르기부터.

Do self defense techniques from flat hand tips thrusting.

(3) **발차기 지도** How to guide the kick

나는 여러분들이 얼마나 높이 올리는지 지켜보겠다.

I will watch how high you raise.

오른발 뒤로 빠지며 아래막기

While stepping backward with right foot and low block(= underneath).

앞차기를 찰 때는 무릎을 구부린 채 찬다.

When you kick the front kick, kick with your knee bent.

앞차기를 찰 때는 접었던 무릎을 펴면서 찬다.

When you kick the front kick, kick folding out your knee.

자기 앞에 표적이 있다고 생각하면서 차라.

Kick thinking that target is in front of you.

좀 더 높게 차라.

Kick higher.

강하게(부드럽게) 차라.

Kick hard(soft).

강하게 쳐라.

Hit hard.

기합을 크게 하라.

Yell louder.

너는 자신감이 결여되어 있다.

You lack assurance.

자신 있게 차라.

Kick confidently(= with confidence).

자신 있게 쳐라.

Strike confidently(= with confidence).

강하게 차지 마라.

Don't kick hard.

공격하지 마라.

Don't attack.

움직이지 마라.

Don't move.

정확해라.

Be accurate.

조용히 유지해라.

Keep quiet.

과거를 잊어라.

Forget your past.

쳐다봐!

Take a look!

준비해!

Get ready!

계속해!

Keep trying it.

거기 있어!

Stay there.

가만히 서(앉아) 있어.

Stand still.

Sit still.

너무 자신감을 갖지 마라.

Don't be too sure.

모두 정신집중. 다른 것을 보지 마라.

Everyone pay attention. Don't look at the other thing.

이쯤에서 조금 쉬도록 하자.

Let's take a rest <u>at this point.</u>

(4) **품새 지도** How to guide the poomsae

관장님이 이름 부르는 사람(수련생)은 큰 소리로 "예" 하고 빨리 나온다.

The practitioner who is called your name, say "Yes, sir" and come to the front quickly.

<u>네가 배운 데까지만 실시한다.</u>

<u>Do it until you learn.</u>

도복에서 파팍 소리가 나도록 찬다.

You have to make your uniform sound loudly.

나는 얼마나 힘이 들어가는지 지켜볼 것이다.

I will watch how much strength you have.

천천히 딱딱 끊어서, 발차기는 절도 있게 차야 한다.

Slowly, kicking should be moderate.

무릎은 가슴 높이까지 들어올린다.

Your knees raise up until your chest hight.

너의 동작은 절도 있어야 한다.

You should be moderate in movement.

나는 얼마나 힘이 회복되었는지 지켜볼 것이다.

I will watch how much strength you need to regain.

이 동작은 힘이 많이 든다.

This motion requires a lot of strength.

너의 모든 힘을 짜내라(발휘해라).

Exert all your strength.

힘내라.

More power to your elbow.

나는 끝까지 지켜볼 것이다.

I will watch to the end (of it).

빨간 띠에 맞춰서 실시한다.

Go with the red belt. (= Keep time with the red belt.)

옆에 사람과 맞춰서 실시한다.

Go with the person beside you. (= Keep time with the person beside you.)

유급자들은 이쪽으로 온다.

Colour belts come here.

유단자들은 저쪽으로 간다.

Black belts go over there.

<u>유급자들은 부모님 쪽으로 간다.</u>

<u>Colour belts go to your parents.</u>

(5) **자기소개** Ready to introduce yourself

자기소개 준비.

Ready to introduce yourself.

발성(발표) 준비.

Ready for vocalization.

Ready for announcement.

너의 취미(특기 / 장래희망)은?

What is your hobby?

What is your special ability?

What is your dream?

너는 어느 학교에 다니니?

Which school do you go to school?

너는 몇 학년이니?

What year are you in?

목소리가 너무 작다. 더 크게.

Your voice is too small. Loudly.

정확하게 말해봐라.

Tell me exactly.

자신 있게 발표하라.

Announce confidently(= with confidence).

좀 더 크게 한 번 더.

One more time louder.

나를 따라 해라.

Repeat after me.

나는 이길(성공할) 자신이 있다.

I am confident of my victory.

I am confident of my success.

심사위원님(심사위원장님)께 경례.

Bow to an examiner(an examiner chief).

(6) 수행지침 준비 Ready for training guide

"지기, 극기, 수기, 성기"를 영어로 어떻게 말하지?

How do you say "지기, 극기, 수기, 성기" in English?

"지철심경"을 영어로 어떻게 말하지?

How do you say "지철심경" in English?

답을 아는 수련생은 손들어라.

The students who knows the answer raise up your hand.

"abdomen"을 한국어로 어떻게 말하지?

How do you say "abdomen" in Korean?

답을 아는 사람 손들어라.

If you know the answer, raise up(= put up) your hand.

손 내려.

Lower your hand. (= Get your hand down.)

나에게 답을 말해라.

Can you tell me the answer.

나는 너에게 생각할 시간을 주겠다.

I will give you time to think it over.

스펠링은 무엇이지?

How do you spell it?

정확히 대답해라.

Give a correct answer.

너의 답은 올바른 답이다.

Your answer is a correct answer.

정확히 말하면 / 너의 답은 틀린 답이다.

Exactly speaking / your answer is a wrong answer.

너의 답은 틀린 생각이다.

Your answer is a wrong opinion.

(7) **약속 겨루기, 호신술 지도방법** How to teach one step sparring, self defense techniques

호신술에서 최고의 기술은 무엇이냐?

What is the best techniques in self defence?

우선 구분동작으로 보여준 다음에 연속동작으로 보여주겠다.

I will show you the divided motion first and then the whole motion.

우선 구분동작으로 연습한 다음에 연속동작으로 연습하겠다.

We will practice the divided motion first and then the whole motion.

(= We will practice the motion separately first and then the whole motion.)

우선 이쪽 줄은 막기하고 그런 다음 공격해라.

This line do block first and then attack.

먼저 이쪽 줄이 아래막기한다.

This line goes low block first.

우선 다리를 이런(그런) 식으로 건 다음에 상대를 밀어라.

Cross your leg like this(that) and then push your partner.

너무 장난치지 마라.

Don't too much play around.

너 다쳤니?

Are you hurt?

조심해라, 상대방에게 다치게 하지 마라.

Be careful, don't hurt your partner.

(8) 시범 및 격파 연습 지도방법 How to coach of demonstration and breaking

격파에 있어서 가장 중요한 포인트들이 무엇이냐?

What are the most important points for breaking techniques?

힘, 빠르기, 거리 그리고 정확성이다.

Power, speed, distance and accuracy.

네가 격파할 때 시선은 타깃에 집중해야 한다.

When you do breaking, keep your eyes on the target.

격파물을 들어라.

Pick up your breaking board.

너의 상대방을 위하여 격파보드를 꽉 잡아 주어라.

Hold tight your breaking board for your partner.

너희가 격파할 때는 송판의 정중앙을 때려야 한다.

When you do breaking, you have to the center of the board.

너희들은 이제 송판을 격파해야 한다. 준비됐나?

You must break this board. Are you ready?

예, 준비됐습니다.

Yes, I am ready. (= Yes, we are ready.)

기합 크게 넣고, 하나, 둘, 셋, 시작!

Yell(= Shout) loud, one, two, three, go!

기합과 함께 주먹(칼 / 발 / 손)을 내려친다.

Bring down your fist <u>with a yell</u>(knife / foot / hand).

나는 해냈어.

Yes, I made it.

크게 웃어라.

Laugh loud.

크게 말해라

Laugh talk.

이런(그런) 식으로 하는 거야, 이해할 수 있겠니?

Do it like this(that), can you get it?

토니, 이런 식으로 해 봐.

Tony, try it this way.

틀렸다. 다른 식으로 해 봐.

You were wrong. Try another way.

잘 봐라, 내가 어떻게 하는지 보여줄게.

Look carefully, I will show you how to do that.

이런 식으로 해 봐. 네팔을 쭉 펴고 주먹을 가운데로 질러라.

Try it this way. Straighten your arm and punch with your fist towards the center.

할 수 있겠지?

Can you do it?

나는 네가 할 수 있다고 생각한다.

I think that you can do it.

그래 맞다, 그렇게 하는 거야(너는 해냈어).

That's right, that is how you do it(= You made it).

시범단을 박수로 맞이하자.

Let's greet our demonstration team with a hand clapping.

시범단을 우레와 같은 박수로 환영하자.

Let's greet our demonstration team with a thunderous applause.

<u>시범단에게 큰 박수를 쳐주자.</u>

<u>Let's give the demonstration team a big hand.</u>

영수에게 큰 박수를 쳐주자.

Let's give Young-su a big hand.

손님에게 박수를 보냅시다.

Let's give our guest a big hand.

우리의 아이들에게 박수를 보내자.

Let's give our children a big hand.

힘내라.

More power to your elbow.

크게 코로 숨을 <u>들이마시고</u>, 입으로 <u>내뱉어라</u>.

Inhale through your nose and exhale through your mouth.

숨 들이마시고, 내뱉고, 심호흡을 크게 해라.

Breath in, breath out, deep breath in.

조심해라, 너의 발목이 삐지 않기 위해서.

Be careful, not to sprain your ankle.

(9) 정신교육 Spiritual education

자신감은 모든 성공의 기초이다.

Confidence is foundation of all success.

새로운 경험을 두려워하지 마라. 그냥 실행하라. 그렇게 하면 너희는 그것으로부터 무엇인가 배울 것이다.

Don't be afraid of your new experience. Just do it. If you do, you can learn something from that.

조금 더 열심히 한다면, 너는 성공할 것이다.

If you work hard a little, you will make success.

너는 자신감이 필요하다.

You need confidence.

너는 자신감을 가져야만 한다.

You have to have confidence.

너는 강한 마음과 몸이 필요하다.

You need strong body and mind.

내가 그것을 할 수 있다고 생각하면 할 수 있지만, 내가 그것을 할 수 없다고 생각하면 할 수 없다.

If you think you can do it, you can do it. But you think you can't do it, you can't do it.

한 번도 실패해 보지 않는 사람은 아무것도 성취할 수가 없다.

He who never make a mistake is not make accomplish nothing.

신념은 핵폭탄보다도 더 강하다.

The faith is stronger than the bomb.

성공은 노력의 결실이다.

Success is the fruits of your efforts.

그도 그것을 할 수 있고 그녀도 그것을 할 수 있는데 나는 왜 안 되는가?

He can do it, she can do it, why not me?

나를 따라서 크게 외쳐 본다.

Repeat after me.

나처럼 크게 외쳐본다.

Shout loud like me.

나는 할 수 있다.

I can do it.

나는 자신이 있다.

I am sure(= confident).

나는 이길 자신이 있다.

I am confident of my victory.

나는 성공할 자신이 있다.

I am confident of my success.

나는 용감한 사람이다.

I am a man of courage.

나는 의지가 강하다.

I am strong-willed.

나는 이 세상에서 최고이다.

I am the best in the world.

나는 이 세상에서 최고가 될 것이다.

I will be the best in the world.

나는 내 인생의 성공을 만들 자신감을 가지고 있다.

I have confidence to make success in my life.

나는 목표와 꿈을 가지고 있다.

I have a goal and dream.

나는 결코 나의 목표를 포기하지 않는다.

I never give up my goal.

운동은 나를 행복하도록 만든다.

Exercise makes me happy.

좀 더 크게 한 번 더.

One more time louder.

> 핑크와 붉은색의 중간색 A color between pink and red
> 눈도 비도 아닌 어중간한 색 Something between snow and rain
> 낙제할까 말까 한 성적 A grade between passing and failing
> 빈사상태로 누워 있다 Lie between life and death
> 그는 우습기도 하고 화도 나는 야릇한 기분이었다.
> He felt something between laughter and anger.

(10) **심사결과 발표** Presentation of result of the test

너의 기술은 평균보다 높다.

Your skills are above the average.

너는 동작에 있어서 매우 민첩하다.

You are very agile in movement.

기량에 있어서 너는 매우 뛰어나다.

You are really superior in technique.

기량에 있어서 너는 매우 열등하다.

You are really inferior in technique.

너의 기술은 평균보다 낮다.

Your skills are below the standard.

너의 기술은 낙제할까 말까 한 성적이다.

Your skills are a grade between passing and failing.

너는 아직 정신 수양이 모자란다.

You are still in need of moral(= mental) culture.

(= You are still in need of spiritual training.)

너는 수양을 더 쌓아야 한다.

You must cultivate your mind.

너는 자신감이 결여되어 있다.

You lack assurance(= confidence).

너는 자신감을 잃었다.

You lost confidence.

너를 믿어라.

Trust you.

당신은 주의가 부족하다.

You are careless.

너는 자신만만하다.

You are full of self confidence.

너무 자신감을 갖지 마라.

Don't be too sure.

냉정을 잃지 마라.

Don't lose your calm.

화를 내지 마라.

Don't lose your tempo.

마음을 잃지 마라.

Don't lose your mind.

너는 다음번에는 틀림없이 성공할 것이다.

You're sure to succeed next time.

괜찮아. 그것에 대해 걱정하지 마라. 네가 계속 연습하면 다음번에는 잘할 것이다.

No problem. Don't worry about it. If you keep practicing, you will do well.

(11) 공개승급심사 시 가장 많이 사용하는 연결어

Connection words most using when you take the promotion test

좀 더 높게 차라.

Kick higher.

강하게(부드럽게) 차라.

Kick hard(soft).

강하게 쳐라.

Hit hard.

기합을 크게 하라.

Yell louder.

너는 자신감이 결여되어 있다.

You lack assurance.

자신 있게 차라(쳐라 / 발표해라).

Kick confidently(= with confidence).

Strike confidently(= with confidence).

Announce confidently(= with confidence).

좀 더 크게 한 번 더.

One more time louder.

나를 따라 하세요.

Repeat after me.

나는 이길(성공할) 자신이 있다.

I am confident of my victory.

I am confident of my success.

강하게 차지(공격하지 / 움직이지 / 지르지 / 찌르지) 마라.

Don't kick hard.

Don't attack.

Don't move.

Don't punch.

Don't thrust.

정확해라.

Be accurate.

조용한 상태를 유지해라.

Keep quiet.

과거를 잊어라.

Forget your past.

쳐다봐!

Take a look!

들어와!

Get in here!

나가!

Get out here!

없애!

Get rid of it!

준비해!

Get ready!

계속해!

Keep trying it!

그것 주워!

Pick it up!

가서 갖고 와!

Go get it!

와서 가져가!

Come get it!

거기 있어!

Stay there!

가만히 서 있어(앉아).

Stand still.

Sit still.

너무 자신감을 갖지 마라.

Don't be too sure.

옆 사람과 떠들지 마라.

Stop talking with the person beside you.

옆 사람과 장난치지 마라.

Don't play around with the person beside you.

참아라.

Be patient.

조용히 해라.

Be quiet.

조심하라.

Be careful.

제발 앉아 주세요.

Please sit down.

앞쪽으로 앉아라.

Take your seat in front.

그대로 앉아 있어라.

Keep your seat please.

상대가 다치지 않게 조심하라.

Be careful not to hurt your partner.

동료들(친구들)에게 잘해라.

Be nice to your colleagues.

Be nice to your friends.

부모님께 효도해라.

Be nice to your parents.

말보다는 행동으로 옮기도록 노력해라.

Put your idea into action.

이번만은 용서해 줄 것이다.

I will forgive you this time.

모두 정신집중. 다른 것을 보지 마라.

Everyone pay attention. Don't look at the other thing.

이쯤에서 조금 쉬도록 하자.

Let's take a rest at this point.

마음을 잃지 마라.

Don't lose your mind.

당신은 지갑을 잃어버리면 악착같이 찾아다니면서

왜 잃어버린 마음은 찾지 않습니까?

Part 5

공개승급심사 진행 매뉴얼
Public promotion test progress order manual

공개승급심사 진행 매뉴얼
Public promotion test progress order manual

※ 서바이벌 게임 Survival game

공개 승급심사에 들어가기 전에 준비운동이나 줄을 정렬시킬 때 누가 가장 빠르게 영어를 알아듣고 동작을 취하는지를 게임하듯이 진행하여 수련생들의 긴장감을 해소 시키는데 목적이 있다.

- Introduction(도입).

명상의 시간.

Meditation's time.

등을 똑바로 펴라.

Straight your back.

눈 감아.

Close your eyes.

눈 떠.

Open your eyes.

귀여운 자녀들을 위해 참석해 주신 학부형님들께 감사의 말씀을 드리겠습니다.

I thank you for participation for your cute children.

지금부터 제1회 경희 체육관 공개승급심사를 시작하겠습니다.

From now on, we will begin 1st Kyunghee gym's promotion test.

전체 일어서.

Everybody stand up.

다음은 국기에 대한 맹세가 있겠습니다.

Next time, there will be 'The pledge of allegiance to the flag.'

학부형님들께서는 자리에서 일어서서 국기를 향해 주시기 바랍니다.

I beg my parents to stand up and stand to the national flag.

전체 차렷.

Everybody stand up.

[수련생 대표] 좌향좌.

Turn to the left.

[수련생 대표] 국기에 대하여 경례.

Salute to the national flag. (= Face to the flag.)

[관장] 나는 자랑스러운 태극기 앞에 자유롭고 정의로운 대한민국의 무궁한 영광을 위하여 몸과 마음을 바쳐 충성을 다할 것을 굳게 다짐합니다.

I pledge allegiance to the flag of republic of korea to the free and righteous nation's glory with full royalty.

[수련생 대표] 바로. 우향우. 심사위원님께 경례.

Eyes front. Turn to the left. Bow to an examiner.

학부형님들께서는 자리에 앉아 주시기 바랍니다.

I beg my parents to sit down please.

다음은 심사위원님의 인사말씀이 있겠습니다.

Next time, there will be a speech(= an address) of an examiner.

승급심사를 시작하기 전에 잠시 주의 말씀을 드리겠습니다.

Before the promotion test begins, let me give you a word of caution(= I want to remind you of a few simple rules).

첫째, 승급심사 시간 동안 떠들지 말아 주십시오.

No.1, don't make a noise during the promotion test.

둘째, 승급심사 시간 동안에 장난치지 말아 주십시오.

No.2, don't make a play around during the promotion test.

셋째, 승급심사 시간 동안에 옆 사람과 이야기 하지 마십시오.

No.3, don't talk with the person besides you during the promotion test.

넷째, 승급심사 도중에 실수했을 때 절대 포기하지 말고 어쨌든 다시 한 번 도전하십시오

No.4, don't give up when you make a mistakes and anyway, try it again.

실수하는 것은 창피한 것이 아니다. 실수한 것을 창피해하지 마라. 진짜 창피한 것은 쓰러졌을 때 포기하는 것이 창피한 것이다. 여러분의 인생에서 앞으로 누구나 실수할 수 있다. 누구나 넘어질 수 있다. 누구나 시행착오를 겪을 수 있다. 여러분이 진정한 인생의 챔피언이 되기 위해서는 어떻게 패배를 극복하는지를 배워야 한다. 실패는 성공의 어머니이다. 내가 한 말을 명심해라.

It is not shameful thing to make a mistake. Don't be shamed of making a mistake. It is real shameful thing to give up when you fell down. Everyone can make a mistake in your life, in the future, everyone can fall down. Everyone have a trial and error. You have to learn to overcome the failure to become a real life champion. Failure is mother of success. Remember what I have told you.

다섯째, 기합을 크게 질러라.

No.5, yell louder.

여섯째, 승급심사 합격점은 80점 이상 얻어야 한다. 그리고 합격자 통지는 다음 주 수업 중에 발표할 것이다.

No.6, passing mark for the promotion test is over 80 points. And the notice of successful applicant will announce during class next week.

만약 여러분이 두 번 경고를 받으면, 나는 여러분에게 벌점을 줄 것이다.

If you receive warning twice, I will give you demerit point.

만약 여러분이 벌점을 두 번 받으면, 여러분은 시험에 실패할 것이다.

If you receive warning twice, you will fail to take the test.

여러분은 내가 한 말을 꼭 명심해야 한다.

You have to remember what I have told you.

나는 여러분이 최선을 다해 줄 것을 원하고 여러분의 숨겨진 재능을 유감없이 발휘해 주기(보여주기)를 원합니다.

I want you to do your best and to show(= exhibit / demonstrate / display) your hidden talent.

여러분이 최선을 다하면, 여러분은 상을 탈 것이다.

If you do your best, you will get(= gain / obtain) a prize.

다음 심사는 기본동작과 기본발차기 심사이다.

Next test is Basic motion and basic kick test

뒤로 돌아.

Turn around.

도복 단정.

Fix your uniform.

도복 띠 묶어라.

Fasten your belt.

뒤로 돌아.

Turn around.

유급자와 유품자 마주 본다.

Face to Face.

경희 태권도 찬가 준비. 하나, 둘, 셋, 넷.

Ready for Kyunghee gym's song. One, two, three, four.

잘했어요.

You did good job.

주춤서기.

Ready for riding stance.

몸통지르기, 첫째, 둘째, 셋째, 일곱째 넘버 원 / 넘버 투.

Trunk block No.1, No.2, No.3, No.7 first / second.

오른발 뒤로 빠지면서 아래막기(몸통막기 / 얼굴막기) 하나, 둘, 셋.

Low block (trunk block, face block) one, two, three stepping back your right foot.

Trunk block one, two, three stepping back your right foot.

Face block one, two, three stepping back your right foot.

발차기 준비.

Ready for kicking.

앞차기.

Front kick.

발 바꿔.

Switch feet.

돌려차기.

Round house kick.

발 바꿔.

Switch feet.

내려차기.

Downward kick.

발 바꿔.

Switch feet.

Tip. 반응 동작 검사 **Response action check test**

아래막기 Low block
몸통막기 Trunk block
얼굴막기 Face block

내가 미트로 공격할 때 너는 재빨리 막아야 한다.

When I attack with the mitt, you must block the mitt.

유급자 원래 자리로 돌아가라.

Colour belt, go back to your original position.

유품자와 검은 띠는 원래 자리로 돌아가라.

Poom belt and black belt, go back to your original position.

지금부터 너의 이름(벨트)이 불리는 수련생은 앞으로 나와라.

Come to the front when your names are called.

태권도 품새 연습은 육체적, 정신적, 영혼적인 3가지 측면에서 행복감을 증진시켜준다.

Taekwondo poomsae practice enhances the sense of the well-being on 3 levels physical, mental and spiritual.

여러분은 틀림없이 도복이 소리가 크게 나도록 만들어야 한다.

You must make(= get / have) your uniform sound loudly.

너의 팔에 힘을 주어라.

Put power in your arms.

낙법은 여러분이 갑자기 넘어질 때 여러분의 몸을 보호하기 위해 하는 것이다.

Break-falls is to do to protect your body when you fall down.

너의 팔과 어깨에 대하여 정사각형을 만들어라.

Make a square about your arms and shoulder.

너의 팔은 손바닥부터 팔꿈치까지 반드시 바닥에 닿아야 한다.

You arms must touch the floor from palms to elbow.

먼저 구분동작으로 한 다음 연속동작으로 실시하자.

First, do the divided motion and then do the whole motion.

전방낙법 준비.

Ready for forward breakfall.

후방낙법 준비.

Ready for back breakfall.

나는 너의 발을 차서 넘어트릴 것이다.

I will kick down your foot.

[검은 띠의 경우] 주먹을 피하고 / 내가 너의 배를 찼을 때 후방낙법을 쳐라.

Dodge a blow and do backward breakfall when I kick your stomachache.

지금부터 너의 이름(벨트)이 불려지는 수련생은 앞으로 나와라.

From now on, come to the front when your names are called.

격파는 여러분의 자신감과 집중력을 개발하기 위해 하는 것이다.

Breaking board is to do to develop confidence and concentration.

다음 심사는 무도 영어 콘테스트이다.

Next test is martial arts English contest.

※ 서바이벌 게임 (survival game)

목적: 이 게임은 손을 지도자의 명령에 따라 신체부위에 놓는 게임으로서 수련생들이
인체 부위를 재미있게 익히도록 하는데 목적이 있다.

Put on: ~을 놓다(급소, 앞발축)

너의 손을 무릎에 놓아라.

Put your hands on your knees.

너의 손을 양 어깨 위에 놓아라.

Put your hands on your shoulders.

너의 손을 머리위에 놓아라.

Put your hands on your head.

너의 손을 허리 위에 놓아라.

Put your hands on your waist.

너의 손을 등에 놓아라.

Put your hands on your back.

너의 손을 대퇴부에 놓아라.

Put your hands on your thigh.

• 수련생이 사범 인간로봇 만들기(Making a instructor the human robot by practitioner)

목적: 이 게임은 수련생들이 사범에게 영어로 명령을 내리면 사범은 수련생들의 명령
대로 동작을 취함으로써 수련생들에게 카타르시스를 느끼게 하고 영어에 대한
동기부여를 주도록 하는 게임이다.

팔벌려뛰기 / 버피테스트 / 푸시업 / 윗몸일으키기

손목발목 돌려 / 무릎 돌려 / 허리 돌려 / 어깨 돌려 / 목 돌려

Jumping back/buffee test/push up/ sit ups/ rotate your wrist an ankles/ rotate your knees/rotate
your waist/ rotate your shoulders/ rotate your neck

앞으로 취침 / 열중 쉬어 / 머리 들어

뒤로 취침 / 다리 들어 45도 각도로 / 손들어 / 손 내려

Lie down/ Parade rest/ Raise up your head/ Lie on your back/

Raise up your legs at a forty five degree/Raise up your hand/Put down your hands

• <u>관장님 인간 로봇 만들기</u>(흥미요소)

• <u>서바이벌 잉글리시</u>(Survival English)

네가 화장실 가고(물먹고 / 질문하고 / 야구하고 / 과자 먹고 / 사무실 들어가고) 싶을
때 영어로 어떻게 말하지?

How do you say when you want to go to the toilet?

How do you say when you want to drink want?

How do you say when you want to ask?

How do you say when you want to play baseball?

How do you say when you want to have snack?

How do you say when you want to enter the office?

'우리 게임 할까요 / 축구 할까요 / 겨루기 할까요 / 품새 할까요 / 가위바위보 게임할까
요 / 미트 발차기 할까요?'는 영어로 어떻게 말하는지 말해 줄래?

How do you say "우리 게임할까요?" in English?

정답: Shall we play the game? (= How about playing the game?)

How do you say "우리 축구 할까요?" in English?

정답: Shall we play the soccer? (= How about playing the soccer?)

How do you say "우리 겨루기 할까요?" in English?

정답: Shall we play the sparring? (= How about playing the sparring?)

How do you say "우리 품새 할까요?" in English?

정답: Shall we do the poomsae? (= How about doing the poomsae?)

How do you say "우리 가위바위보 게임할까요?" in English?

정답: Shall we play RPS game? (= How about paying RPS game?)

How do you say "우리 미트 발차기 할까요?" in English?

정답: Shall we kick the mitt? (= How about kicking the mitt?)

• 아파서 결석할 때 체육관에 전화하는 방법(role playing: 역할극)

When you are absent because you ar sick, how to call to the gym(role playing: 역할극).

목적: 이것은 전화기를 준비해서 직접 전화를 걸고 받으면서 영어로 대화하는 역할극으
로 심사 때 시범을 보이면 학부형들에게 상당히 효과를 볼 수 있는 프로그램이다.

• 돌려 차기 한 다음 20초 버티기(kick the round house kick and then pause 20 seconds)

• 수행지침 평가(Evaluation of ascetic training guide)

네가 태권도장에 왔을 때 너의 관장님께 인사를 어떻게 하지?

How do you greet to your master when you came Taekwondo gym?

"무인불승 첫 번째"를 어떻게 말하지?

How do you say "무인불승 No.1"?

"지철심경"을 어떻게 말하지?

How do you say "지철심경"?

상대가 돌려차기를 찼을 때 너는 어떻게 막지?

How do you block when your partner round house kick?

뇌는 어떻게 음악(운동)을 처리하는가?

How does the brain process music?

How does the brain process exercise?

네가 수업 후에 집에 갔을 때 너의 부모님께 어떻게 인사하는지 말해 줄래?

Can you tell me how you greet when you go home after school?

무인불승 첫 번째를 어떻게 말하는지 말해 줄래?

Can you tell me how you say "무인불승 No.1"?

상대가 돌려차기를 찰 때 어떻게 받아 차는지 보여 줄래?

Can you show me how you kick when your partner round house kick?

상대가 돌려차기를 찰 때 어떻게 막는지 보여 줄래?

Can you show me how you block when your partner round house kick?

이 단어의 의미는 무엇인가?

What is the meaning of this word?

경희 체육관 관훈은 무엇인가?

What is the Kyunghee gym's code?

경희 체육관 관훈은 "지철심경"(志鐵心鏡)이다.

Kyunghee gym's code is "지철심경."

"지철심경"의 의미가 무엇이지?

What is the meaning of "지철심경"?

"지철심경"은 의지는 강철같이 단련하고 거울은 투명하게 갈고 닦는다는 의미이다.

"지철심경" is train your intention as strong as the iron and train your mind as clear as the mirror.

이 단어의 의미는 무엇이지?

What does this word mean?

이 문장의 의미가 무엇인지 말해 줄래요?

Can you tell me what the sentence(this sentence) means?

이 단어가 무엇을 의미하는지 말해 줄래요?

Can you tell me what this word mean?

제게 특별한 것을 보여 주실 수 있어요?

Can you show me the specials?

제게 차이점을 보여 주실 수 있어요?

Can you show me difference?

그 문제를 어떻게 푸는지 보여 주세요.

Can you show me how to solve the problem.

나에게 기회를 주실래요?

Can you give me a chance?

그것이 무엇을 의미하는지 내가 너에게 말해 줄게.

Let me tell you what it means.

"태극기 / 무인불승 / 욕승인자 필선자승 / 지철심경 / 타승승자 자승자강/승거목단 수적 석천 / 재건"이 무엇을 의미하는지 말해 줄게.

Let me tell you what "태극기" means.

Let me tell you what "무인불승" means.

Let me tell you what "욕승인자 필선자승" means.

Let me tell you what "지철심경" means.

Let me tell you what "타승승자 자승자강" means.

Let me tell you what "승거목단 수적석천" means.

Let me tell you what "재건" means.

재건이란 무엇인가를 다시 짓는 활동을 의미한다.

Reconstruction means the activity of constructing something again.

여러분들이 무엇인가 귀중하고 의미 있는 일을 하기를 제안합니다.

I would suggest that you do something valuable and meaningful.

내가 한 말을 명심해라.

Remember what I have told you.

- 자기소개(Yourself introduction)및 가족소개(Family introduction)

자기소개와 가족소개를 하세요.

Please introduce yourself and your family.

먼저 우리들을 위해 참석해 주신 부모님들께 감사의 말씀을 드립니다. 지금부터 저 자신과 우리집 가족 소개를 해 보도록 하겠습니다.

First, thank you for my parents participated for ours. From now on, let me introduce myself and my family.

저는 서정 초등학교에 다니고 있고 나는 3학년입니다.

I go to 서정 elementary school and I am in third year(= grade).

우리 집 가족은 4명입니다.

There are four in my family.

나의 취미는 컴퓨터 게임(축구 하기 / 피아노 치기 / 태권도 / 검도 / 색종이 접기 / 그림 그리기)입니다.

My hobby is playing computer game.

My hobby is playing soccer.

My hobby is playing the piano.

My hobby is playing Taekwondo.

My hobby is playing Kendo.

My hobby is folding colour paper.

My hobby is drawing the painting.

나의 특기는 태권도(검도 / 바이올린 연주)입니다.

My special ability is Taekwondo.

My special ability is Kendo.

My special ability is playing the violin.

나의 꿈은 의사(선생님 / 교수 / 연예인 / 가수 / 경찰 / 사범 / 관장)입니다.

My dream is a doctor.

My dream is a teacher.

My dream is a professor.

My dream is a talent.

My dream is a singer.

My dream is a policeman.

My dream is a instructor.

My dream is a master.

왜냐하면 나는 축구하는 것에 흥미가 있기 때문입니다.

Because I am interested in playing soccer.

나는 도둑을 잡고 사람들을 도와주고 싶기 때문입니다.

Because I catch a thief and I want to help the people.

나는 가난한 사람들을 도와주고 싶기 때문입니다.

Because I want to help the people.

나는 약자를 도와주고 싶기 때문입니다.

Because I want to help the weaker.

운동은 나를 행복하게 만들어 주고 건강하게 만들어 주기 때문입니다.

Because exercise makes me happy and healthy.

운동은 나와 다른 사람들을 똑똑하게 해주기 때문입니다.

Because exercise makes me and other people's brain smart.

저의 발표를 처음부터 끝까지 들어주셔서 감사합니다.

Thank you for hearing(= listening to) my speech from beginning to end.

나는 승급심사가 약간 어렵다고 생각합니다. 그러나 여러분은 대단히 잘했다.

I think that the promotion test is very difficult. But you did good job.

뒤로 돌아. 부모님께 대하여 큰절.

Turn around. Bow to your parents.

• 수여식[awarding of prize, awards ceremony(= presentation)]

다음은 국기원 승품심사 합격자에 대한 합격증 및 띠 수여식이 있겠습니다.

Next time, we will award a successful applicant(= candidate) a certificate and ceremony of awarding belt .

호명되는 수련생은 앞으로 나와 주시기 바랍니다.

The practitioner who is called your name, come to the front.

다음은 우수 수련생에 대한 트로피, 상장 및 메달 수여식이 있겠습니다.

Next time, we will award excellent practitioners a trophy, prize and gold medal.

다음은 상품 수여식이 있겠습니다.

Next time, there will be a prize-awarding ceremony.

a prize-awarding ceremony: 상품 수여식(= awarding of prize)

호명되는 수련생은 앞으로 나와 주시기 바랍니다.

The practitioner who is called your name come to the front.

이상으로 제2회 경희대 체육관 공개 승급심사를 마치겠습니다. 처음부터 끝까지 나의 스피치를 들어 주신 학부형님들께 감사의 말씀을 드립니다. 그리고 자녀들을 위해 참석해 주신 학부모님들께 감사의 말씀을 드리겠습니다.

That concludes, we will finish 2nd public promotion test. From beginning to end, thank you for listening to my speech. Thank you for participating for your kids.

합격자 통지는 다음 주에 수업 중에 있을 것입니다.

There will be a notice of successful applicant during class next week.

우리는 다음 주에 합격자 명단을 발표할 것이다.

We will announce the names of the applicant who passed the test next week.

다음은 우수 수련생에 대한 상장 수여식이 있겠습니다.

Next time, there will be award excellent practitioners awarding of prize.

다음은 국기원 승품심사 합격자에게 합격증 및 띠 수여식이 있겠습니다.

Next time, there will be award successful applicant(= candidate) a certificate and awarding of belt.

마지막 승급심사는 다음 주에 있을 것이다.

Final promotion test will be held next week.

잠시 안내 말씀드리겠습니다.

Can I have your attention, please?

막간을 이용하여 잠시 한 말씀드리겠습니다.

I'd like to take this moment to say a word.

장내가 혼잡하오니 여러분 모두는 자리에 앉아 주시기를 부탁드립니다.

It's very crowded in here, so I'd like to ask you all to take your seats.

시상식이 끝난 후에 리셉션이 있을 겁니다.

There will be a reception after awards presentations(= ceremony).

이상으로 제2회 공개승급심사를 마치겠습니다.

That concludes 2nd promotion test.

수련생 전체, 부모님께 대하여 감사의 큰절.

Everyone attention, deep bow your thanks to your parents.

무릎 꿇고 절해라.

Bow down upon your knees.

공손히 절해라.

Bow low(= politely).

절 받으십시오.

Please take a bow.

처음부터 끝까지 제 연설을 들어 주신 학부형님들께 감사의 말씀을 드리겠습니다.

From beginning to end, Thank you for listening to my speech.

귀여운 여러분의 자녀를 위해 참석해 주신 학부모님들께 감사의 말씀을 드리겠습니다.

Your children are very cute. I'd like to thank the parents for participating in this event.

Tip. 승급심사 준비물

빔 프로젝트, 심사보, 음료수, 도서상품권, 책, 두뇌영상, 프로그램 설명회 자료, 비디오 촬영 기사, 비디오, 명상테이프, 막간을 이용한 영상 준비

Part 6
수련생 서바이벌 영어
Practitioner Survival English

<h1 align="center">수련생 서바이벌 영어</h1>
<h2 align="center">Survival English for practitioner</h2>

1) 도장 서바이벌 영어 Survival English in dogang

최후의 승자가 진정한 승자이다.

He who laughs last, laughs best.

※ 다음은 체육관에서 수시로 사용하는 영어회화이다. 수련생들이 항상 듣고서 활용할 수 있도록 지도자들은 동시통역 수준으로 익혀야 하는 것들이다.

(1) 수업 시작 전 Before class.

오늘 날씨는 어떠냐?

How is the weather?

→ It's sunny/cloudy/rainy/windy/snowy

화창한(흐린, 비 오는, 바람이 부는, 눈 오는) 날씨이다.

오늘이 무슨 요일이지?

What day is it today?

→ Today is Monday / Tuesday / Wednesday / Thursday / Friday / Saturday / Sunday.

오늘은 월요일 / 화요일 / 수요일 / 목요일 / 금요일 / 토요일 / 일요일입니다.

오늘이 며칠이지?

What's the date today?

→ It's May, 6th.

　5월 6일입니다.

지금 몇 시지?

What time is it now?

→ It's 3 o'clock.

　3시입니다.

어떤 모양이지?

What shape is it?

→ It's a circle / triangle / square / rectangle / pentagon / octagon.

　그것은 원형 / 삼각형 / 정사각형 / 직사각형 / 오각형 / 팔각형입니다.

모자를 벗어라.

Take off your hat.

안경을 써라.

Put on your glasses.

안경을 벗어라.

Take off your glasses.

장갑을 껴라.

Put on your gloves.

장갑을 벗어라.

Take off your gloves.

신발을 신어라.

Put on your shoes.

신발을 벗어라.

Take off your shoes.

호구를 착용해라.

Put on your chest guard.

태권도화 끈을 꽉 매라.

Fasten your Taekwondo shoelaces.

태권도화 끈을 느슨하게 해라.

Relax your Taekwondo shoelaces.

안전벨트를 꽉 매라.

Fasten your seat belt.

(2) 수업 도중 During class

지금부터 영어로만 말해주세요.

From now on, speak only in English?

오늘의 수업을 시작할 시간이다.

It's time to start today's lesson.

이것은 제게 너무 어려워요.

It's very difficult for me.

다시 한 번 설명해 주세요?

Can you speak slowly please?

예를 한 가지만 들어 주시겠어요?

Could you give me an example?

시간(길 / 가격)을 물어도 될까요?

May I ask the time?

May I ask the way?

May I ask the price?

내일 말해 줄게.

I'll get back to you tomorrow.

get back to: 나중에 연락하다

우리는 처음 문제로 돌아갈 것이다.

We will get back to the original question.

get back: 뒤로 물러나다

늦어서 죄송해요.

I'm sorry for being late.

정각에 와라(늦지 마라).

Be on time.

on time: 시간을 어기지 않고, 정각에

호구를 영어로 무엇이라고 하지요?

How can I say '호구' in English?

이것(저것)이 무엇이지?

What's this?

What's that?

누가 먼저 해 볼래요?

Who would like to go first?

would like = want

알파벳으로 말해 주세요.

Can you spell that please.

좀 더 천천히 말해 주세요.

Can you speak slowly please.

듣고 따라 하세요.

Listen and repeat.

다 들리나요?

Can you hear it?

잘 안 들려요.

I can't hear it. (= I can't hear you.)

좀 더 크게, 똑똑히 말해 주세요.

Speak more loudly and clearly please.

잘 들려요.

I can hear it.

네 차례이다.

It's your turn.

다 했나요?

Are you done?

다 했어요.

I'm done.

돈이 없어졌어요.

My money is gone.

기다려 주세요.

Wait a minute. (= Just a minute.)

조금만 쉬어요.

Let's take a rest.

잘했어요.

Well done. (= Wonderful. / Good job.)

잠깐 동안 이야기할 수 있을까요?

Can I talk to you for a moment(= while)?

너는 이 상황이라면 어떻게 하겠니?

What would you do in this situation?

한 가지 부탁할 일이 있다.

I want to ask you a favor. (= I want to ask a favor of you.)

질문 있니?

Do you have any questions?

충분한 휴식을 취하세요.

Take a good rest.

진정으로 회복될 때까지 쉬어라.

Rest(your self) until you are really refreshed.

3분간 휴식을 취하라.

Take a rest for 3 minutes.

좀 편히 쉬어라.

Hang loose.

움직이지 마라.

Hold it.

잠깐 기다려라.

Hold on. (= Wait a minute.)

조심해라.

Watch out.

말조심해라.

Watch your language.

잠깐 기다려라.

Hang on.

좀 참아라.

Be patient.

좀 견뎌라.

Hang in there.

너무 화내지 마라.

Don't get upset.

나를 실망시키지 마라.

Don't let me down.

나를 웃게 하지 마라.

Don't make me laugh.

너무 까불지 마라.

Don't push your luck.

나는 실망했다.

I am disappointed.

밀지 마라.

Don't push.

걱정하지 마라.

Don't worry about it.

신경 쓰지 마라.

Don't bother.

좀 느긋해라.

Relax.

기운 내라.

Cheer up.

잘했다.

Well done.

와우! 멋지다.

Wow! Awesome.

축하해.

Congratulation.

나는 감동받았다.

I am impressed.

앉아라.

Be seated.

주목해라.

Attention, please.

줄을 서세요.

Get in the line.

이제 그만둬라.

Give it a rest.

노력해라.

Give it a try.

어서 그렇게 해라.

Go ahead.

어서 계속해라.

Go on, please.

맘껏 해라.

Help yourself.

그 정도면 충분하다.

Good enough.

오늘은 이것을 마칩시다.

Let's call it a day.

너와 대화 즐거웠다.

Good talking to you.

너에게 행운을 빈다.

Good luck to you.

따라오세요.

Follow me.

잊어버려라.

Forget it.

뭔지 알아맞혀 봐요.

Guess what.

뭐라고?

What did you say?

무슨 의미이지?

What did you mean?

그것을 다시 한 번 말해 줄래?

Say that again.

말해라.

Speaking.

말 좀 크게 하세요.

Speak out.

나는 이해했다.

I got it.

칭찬해 주셔서 감사합니다.

Thanks for the compliment.

여러 가지로 고맙습니다.

Thanks for everything.

(3) 수업 중 급한 일이 생겼을 때 When you urgent occurs

화장실 다녀와도 될까요?

May I go to bathroom(= toilet)?

나는 화장실에 꼭 가야 합니다(화장실이 급해요).

I need(= have) to go to bathroom(= toilet).

마실 것이 필요해요.

Can I get a drink(쥬링크) please?

내가 물을 마셔도 될까요?

May I drink water?

저 화장실 가도 돼요?

Can I go to the restroom?

미안하지만 안 돼.

I'm sorry you can't.

몸이 안 좋아요.

I don't feel good.

머리가 아파요.

I have a headache.

감기에 걸렸어요.

I have a cold.

독감에 걸렸어요.

I caught the flue.

나는 목이 아파요.

I have a sore throat.

잠깐 동안 낮잠 잤어요.

I took a nap for a while.

잠깐 동안 낮잠 자고 늦게 일어났어요.

I took a nap for a while and woke up late.

콧물을 닦아라.

Wipe your running nose.

(4) 수업 후 After class

내가 들어가도 될까요?

May I come in?

내가 전화기를 사용할 수 있나요?

Can I use your phone?

창문을 열어도 돼요?

Can I open a window?

펜을 빌려도 되겠습니까?

Could I borrow your pen?

공을 빌려도 되겠습니까?

May I borrow a ball?

물론이죠.

Of course.

그러세요.

Certainly.

(5) 승합차 안에서 In the shuttle bus

버스는 몇 분 간격으로 떠납니까?

How often does the bus leave?

버스는 1시간 간격으로 옵니다.

Buses come at an hour.

버스는 20분 간격으로 옵니다.

Buses come at every 20 minutes.

버스에 타라.

Get on the bus.

버스에서 내려라.

Get off the bus.

점심은 먹었니?

Did you have lunch?

친구들에게 인사해라.

Say hello to your friends.

안녕, 친구들.

Hello friends. (= Good(굿) afternoon friends.)

왜 이렇게 늦었니?

Why are you late?

무슨 일 있었니?

What happened to you?

너 감기 걸렸구나.

You have a cold.

걱정 마라. 괜찮아질 거야.

Don't worry about it. You will be OK.

멋있어 보인다(옷 멋지다).

You look nice.

여기에 앉아도 됩니까?

May I sit here?

여기에 세워 주세요.

Stop, here.

버스에서 내리자.

Let's get off the bus.

한 사람씩(차례로).

One by one.

일렬로 정렬하세요.

Line up, please.

태워주셔서 감사합니다.

Thank you for riding.

(6) 체육관에서 일반적으로 사용할 수 있는 지시문 Instruction words generally using in the gym

쓰레기를 주워라.

Pick up the trash.

네 친구들과 싸우지 마라.

Don't fight with your friends

친구들을 때리지 마라.

Don't hit your friends.

서로에게 친절해라.

Be nice to each other.

부모님에게 효도해라.

Be nice / to your parents.

네 차례를 기다려라.

Wait your turn.

끼어들지 마라.

Don't cut in.

나에게 큰 미소를 줘라.

Give me a big smile.

약속을 깨뜨리지 마라.

Don't break your promise(= words).

맹세를 깨뜨리지 마라.

Don't break your oath(= pledge).

약속(맹세)을(를) 지켜라.

Keep your promise(= oath / pledge).

말보다는 행동으로 옮겨라.

Put into your action.

차례대로 한 줄로 서라.

Stand in a line.

네 차례다. 심사 준비해라!

It's your turn. Prepare for the test!

꼼지락거리지 마라.

Don't squirm.

돌아다니지 마.

Stop moving.

장난치지 마!

Don't play around! (= Don't mischief!)

뛰지 마라.

Don't run(= jump).

부정행위 하지 마라.

Don't cheat on the exam.

소리치지 마라.

Don't shout.

단것을 너무 먹지 마라.

Don't eat too many sweet things.

바닥을 어지르지 마라.

Don't make a mess on the floor.

매트에서 뛰지 마라.

Don't run on the mat.

컴퓨터 게임하지 마라.

Don't play computer.

다른 사람을 놀리지 마라.

Don't make fun of others.

종이컵을 낭비하지 마라.

Don't waste a paper cup.

싸우지 마라.

Don't fight.

믿지 마라.

Don't believe it.

만지지 마라.

Don't touch it.

너의 과거를 잊어라.

Forget your fast.

조용한 상태를 유지해라.

Keep quiet.

조용히 해라.

Be quiet.

의사가 되어라.

Become a doctor.

조용히 해라.

Be quiet.

부지런해라.

Be diligent.

정확히 해라.

Be accurate.

진정해라.

Relax.

물병 닫아라.

Cap the bottle.

꽃에 물 줘라.

Water flower.

쳐다봐!

Take a look! (= Take a look at it!)

들어와!

Get in!

당장 나가!

Get out now!

늦지 마!

Don't be late!

가서 가져와!

Go and get it!

와서 가져가!

Come and get it!

꼼짝 말고 서 있어.

Stand still.

거기 있어.

Stay there.

바보짓 하지 마.

Stop being a fool.

계획을 미리 세워라.

Plan ahead.

계속 연습하자.

Let's keep practicing.

조용히 앉아 있어.

Sit still.

꼼짝 말고 서 있어.

Stand still.

사무실로 와라.

Come to the office.

네가 본 것을 말해.

Tell me what you saw.

사무실로 그를 데려가라.

Take him to the office.

말다툼하지 마라.

Don't bickering.

말썽 피우지 마라.

Don't act up.

행실을 조심해라.

Mind your manner.

말조심해라.

Mind what you say. (= Watch your mouth.)

나에게 말대답하지 마라.

Don't talk back to me.

수업 중에 떠들지 마라.

Don't be noisy during class.

서로 착하게 지내라.

Be nice to each other.

사이좋게 지내라.

Get along.

너의 부모님(친구들 / 동료들)에게 잘해라.

Be nice to your parents.

Be nice to your friends.

Be nice to your colleagues.

내가 청소하는 것(물건 옮기는 것)을 도와다오.

Help me clean up.

Help me move(= carry) the thing.

네 것 치워.

Put away your thing.

네 것 주워.

Pick up your thing. (= Pick it up.)

혼자 있게 내버려 둬.

Leave it alone.

동작 그만.

Stop what you're doing.

그 동작을 다시 천천히 해주겠니?

Would you repeat that motion slowly?

준비해라

Get ready it.

창문을 여는 것을 꺼리니(열어도 될까)?

Would you mind opening the window?

내 사진을 찍는 것을 꺼리니(찍어 줄래)?

Would you mind taking my picture?

스테레오 소리 좀 줄이는 것을 꺼리니(줄여 줄래)?

Would you mind turning down your stereo?

잠자코 있는 것을 꺼리니(있어 줄래)?

Would you mind holding your tongue?

부탁하는 것을 꺼리니(부탁해도 될까)?

Would you mind doing me a favor?

favor: 부탁

마룻바닥을 청소하는 것을 꺼리니(청소해도 될까)?

Would you mind cleaning up on the floor?

이쪽으로 와 주는 것을 꺼리니(와 줄래)?

Would you mind stepping over here?

step over: 장애물을 넘다

① 주의 집중시킬 때

3번 박수를 치자.

Clap your hands 3 times.

손가락을 세자.

Let's count the fingers.

똑바로 앉으세요.

Sit up straight.

너의 턱을 당기세요.

Pull your chin.

② 헤어질 때

오늘 재미있었니?

Was it fun?

헤어질 시간이다.

It's time to say good by.

집에 갈 시간이다.

It's time to go.

안녕, 내일 보자.

Good by, see you later.

나에게 크게 포옹(뽀뽀)해 줘라.

Give me a big hug(kiss).

③ 실수했을 때

괜찮아. 그것에 대해 걱정하지 마라. 네가 계속 연습하면 다음번에는 잘할 것이다.

No problem. Don't worry about it. If you keep practicing, you will do well.

④ 수련생이 무엇을 요구할 때

너는 내가 무엇을 해주기를 원하니?

What would you like me to do?

너는 내가 너와 함께 가기를 원하니?

Would you like me to go with you?

나는 네가 거기에 가주었으면 한다.

I would like you to go there.

⑤ 수련생이 체육관에 결석 이유를 전화로 알려줄 때

경희체육관인가요?

Is this Kyunghee gym?

예, 누구시죠?

Yes, who is calling?

저는 민수입니다.

This is Min-su.

무슨 일이니?

What's up?

나는 기침(감기 / 두통 / 콧물) 때문에 결석할 것입니다.

I will be absent <u>because of</u> cough(cold / headache / running noise).

(= I will be absent because I have a cough(cold / headache / running noise).)

나는 병(복통 / 치통) 때문에 결석할 것입니다.

I will be absent because of illness(stomachache / toothache).

(= I will be absent because I have a illness(stomachache / toothache).)

(= I will be absent <u>with a illness(stomachache / toothache)</u>.)

나는 목(발)이 아파서 결석할 것이다.

I will be absent because I have a sore throat(foot).

나는 발을 다쳐서 결석할 것이다.

I will be absent because I injured my foot.

나는 <u>옆구리(무릎)가 아파서(삐어서)</u> 결석할 것입니다.

I will be absent because I have a pain(sprain) in the side(knee).

나는 발목이 삐어서 결석할 것입니다.

I will be absent because I sprained my ankle.

나는 발(팔)이 부러져서 결석할 것입니다.

I will be absent because I had my leg(arm) broken.

나는 병원에 가야 하기 때문에 결석할 것입니다.

I will be absent because I will see a doctor.

나는 가족과 함께 외식하러 가기 때문에 결석할 것입니다.

I will be absent because of going out eating with my family.

(= I will be absent because I will go out eating.)

나는 생일 파티 때문에 결석할 것입니다.

I will be absent because of birthday party.

(= I will be absent because I have a birthday party.)

나는 가족과 함께 쇼핑(캠핑 / 물고기 잡이 / 하이킹) 가기 때문에 결석할 것입니다.

I will be absent because of shopping(camping / fishing / hiking) with my family.

(= I will be absent because I will go shopping(camping / fishing / hiking) with my family.)

나는 학원 때문에 결석할 것입니다.

I will be absent <u>because of</u> institute.

나는 중간고사(기말고사) 시험 때문에 결석할 것입니다.

I will be absent because of midterm(final) test.

(= I will be absent because I will take a midterm(final) test.)

⑥ 아픈 신체 부위표현 방법

어디가 아프니?

Where does it hurt?

<u>hurt: (자동사) 아프다</u>

나는 발목(무릎 / 가슴 / 옆구리 / 목 / 눈 / 머리 / 등)이 아프다.

My ankles ache(= hurt).

My knees ache(= hurt).

My chest aches(= hurts).

My side aches(= hurts).

My neck aches(= hurts).

My eyes ache(= hurt).

My head aches(= hurts).

My back aches(= hurts).

<u>ache: (자동사) 아프다(오래 계속되는 예리한 또는 둔한 아픔)</u>

나는 아직 손가락이 아프다.

My fingers still ache(= hurt).

나는 갑자기 발목(무릎 / 손가락 / 옆구리 / 목 / 눈 / 머리 / 등)이 아프다(쑤신다).

I have(= feel) a pain in my ankles.

I have(= feel) a pain in my knees.

I have(= feel) a pain in my fingers

I have(= feel) a pain in my side.

I have(= feel) a pain in my neck.

I have(= feel) a pain in my eyes.

I have(= feel) a pain in my head.

I have(= feel) a pain in my back.

pain: (명사) 아픔(갑자기 오는 쑤시는 듯한 아픔)

나는 갑자기 배가 끔찍하게 아프다(쑤신다).

I have(= feel) an awful pain in my stomach.

I have ~in: ~가 아프다

나는 발목(종아리 / 무릎 / 손가락 / 옆구리 / 목 / 머리)에 쥐가 난다.

I have(= feel) a cramp in my ankles.

I have(= feel) a cramp in my knees.

I have(= feel) a cramp in my calves.

I have(= feel) a cramp in my fingers.

I have(= feel) a cramp in my side.

I have(= feel) a cramp in my neck.

I have(= feel) a cramp in my head.

나는 배에 심한 경련이 일어난다.

I have(= feel) an awful cramp in my stomach.

나는 눈(등)에 경련이 난다.

I have(= feel) a cramp in my eyes.

I have(= feel) a cramp in my back.

나는 너무 아파.

I'm too sick.

나는 몸이 안 좋아.

I don't feel good.

나는 아파.

I feel sick.

나는 미치겠어.

I feel terrible.

나는 어지러워(우울해 / 기분이 좋지 않아).

I feel dizzy.

I feel blue.

I feel down.

나는 의욕이 없어요.

I am depressed.

나는 건강합니다.

I am healthy(= in the pink).

나는 기분이 좋아요.

I feel good.

나는 온몸이 쑤신다.

I am aching all over.

나의 가슴이 아팠다.

My heart ached.

이 약을 복용하는 것을 시도하고 싶니?

Would you like to try to get this medicine?

어떻게 해야 하는 거지요?

What do I have to do?

내가 언제 먹어야 하죠?

When do I have to take them?

너는 이 약을 하루에 3번 먹어야 한다 / 식사 후에.

You should take this medicine 3 times a day / after meals.

무릎이 무엇이 잘못됐나(왜 그래)?

What's wrong with your knee?

> **Tip. What's wrong with~?**
>
> What's wrong with는 안 좋은 의미로 무슨 일이 있거나 문제가 있어 보이는 경우 자주 사용하는 표현이다.
>
> 리모컨이 무엇이 잘못됐나(왜 이래)?
> What's wrong with remote control?
>
> 엔진이 무엇이 잘못됐나(왜 이래)?
> What's wrong with the engine?

나는 어제 다쳤어요.

I hurt it yesterday.

어떻게 그렇게 됐어?

How did you do that?

축구 시합하는 중이었을 때 다쳤어요.

I hurt it when I was playing soccer.

(7) 부상 또는 응급 상황 시 When the injury or first aids occurs

턱(어깨 / 팔꿈치 / 발가락 / 발톱)이 빠졌을 경우에

When the jaw falls out

When the shoulder falls out

When the wrist falls out

When a toe falls out

When a toenail falls out

fall out: (치아, 머리카락) 따위가 빠지다

손목(손가락 / 발목)을 삐었을 경우에

When the wrist are dislocated

When the fingers are dislocated

When an ankle is dislocated

dislocate: (타동사) ~의 관절을 삐게 하다, 탈구시키다

고환을 차였을 경우에

In the case the testicles are hit

testicle: (명사) 고환, 불알

다리에 쥐가 났을 때

When you are seized with a cramp in the leg

seize: 붙잡다, 강탈하다, 빼앗다
cramp: 쥐, 경련

코에서 피가 날 때

When you bleed from the nose

졸도했을 경우에

When you fall down in a faint(= swoon)

faint: (명사) 기절, 졸도

명치를 직통으로 맞아 외출혈을 일으켰을 경우에

When you have outer bleeding because of the heavy blow to the solar plexus

그는 코피를 흘리고 있었다(있는 중이다).

He was bleeding at the nose.

bleed: (나라를 위해) 피를 흘리다

나는 장딴지에 쥐가 났다.

I have a cramp in the calf.

그의 손발은 경련을 일으켰다.

His limbs were cramped.

이 태권도화는 너무 꽉 끼어서 발끝이 아프다.

These Taekwondo shoes are too tight, and they pinch my toes.

(8) 시작 / 유지 / 종료할 때 When the class begin / keep / stop

연습하는 것을 시작해라

Begin(= Start) practicing.

(= Begin(= Start) to practice.)

연습하는 것을 계속해라.

Keep(= Continue) practicing. (= Continue to practice.)

연습하는 것을 멈춰라.

Stop(= Finish) practicing.

차는 것을 시작해라.

Begin(= Start) kicking. (= Begin(= Start) to kick.)

차는 것을 계속해라.

Keep(= Continue) kicking. (= Continue to kick.)

차는 것을 멈춰라.

Stop(= Finish) kicking.

놀이하는 것을 시작해라.

Begin(= Start) playing. (= Begin(= Start) to play.)

놀이하는 것을 멈춰라.

Keep(= Continue) playing. (= Continue to play.)

놀이하는 것을 끝내라.

Stop(= Finish) playing.

옆 사람과 이야기하는 것을 멈춰라.

Stop talking with the person beside you.

(9) **칭찬 / 비난 / 처벌 / 상장 수여** Praise / blame / punishment / awarding of certificate

나는 그의 정직함에 대하여 칭찬했다.

I praised him for his honesty.

나는 나의 정직함에 대하여 칭찬받았다.

I was praised myself for my honesty.

나는 그의 잘못에 대하여 비난했다.

I blamed him for his fault.

나는 자신의 실수에 대하여 비난받았다.

I was blamed him for my mistake.

나는 그의 실수에 대하여 처벌할 것이다.

I will punish for his mistake.

나는 나의 실수에 대하여 처벌받을 것이다.

I will be punished for my mistake.

나는 우승자에게 트로피를 수여할 것이다.

I will confer a trophy on the winner.

나는 우수 수련생에게 우등상을 수여할 것이다.

I will confer a honer on the excellent practitioner.

그들은 치료비에 중과세를 부과했다.

They put heavy taxes on doctor's bill.

(10) 게시판에 붙이는 도장 규칙 Gymnasium rule sticking to board

나쁜 언행은 항상 금지된다.

Abusive language is prohibited at all times.

껌이나 캔디를 포함한 어떠한 종류의 음식도 도장 안에서 허락되지 않는다.

Any kind of food including chewing gum or candy is not allowed in the dojang.

매트 위에서는 어떠한 종류의 위험한 장난도 허락되지 않는다.

Any kind of horseplay is not allowed on or off the matt.

(= No any kind of horseplay is allowed on or off the matt.)

어떠한 종류의 길거리 싸움이나 공격적인 행동 또는 교양 없는 매너에 연관되지 마라.

Do not engage in any kind of street fight, offensive action or rude manner inside or outside the dojang.

도장의 규칙과 평판을 떨어뜨리는 어떤 종류의 활동에도 연관되지 마라.

Do not engage in any kind of activity that degrade the code and reputation of the dojang.

겨루기할 때는 모든 수련생은 완벽한 장비를 안전하게 반드시 착용해야 한다.

When you do sparring, all students safely must wear complete equipment.

① 지도자에게 허락받을 사항

사범의 허락 없이는 아무도 장비 사용하는 것을 허락하지 않는다.

No one is allowed using equipment without the instructor's permission.

사범의 허락 없이는 무기를 다루지 마라.

Do not handle the weapons without the instructor's permission.

관장님의 승인 없이는 <u>어떠한 시범도 하지 마라</u>.

<u>Do not give any demonstration</u> without the approval of the master.

어떠한 경기에 참여하기 위해서는 <u>관장님의 승인을 받아야 한다</u>.

<u>You must have the approval of the master</u> to participate in any tournament.

② 지각생 처리

20분 이상 <u>수업에 늦으면 벌점을 받는다</u>.

<u>If you are late</u> more than 20 minutes for class <u>receive a black mark</u>.

수업에 늦으면 <u>사범님이 너를 승인할 때까지 기다려야 한다</u>.

When you are late for class, <u>you must wait until the instructor admit(acknowledge) you</u>.

<u>지각생은</u> 단수 또는 급수에 상관없이 <u>도장 후미에 정렬해야 한다</u>.

<u>A latecomer must line up at the back of the class</u> regardless of your rank.

2) 일상생활 서바이벌 영어 Survival English in daily life

(1) 내가 ~해도 될까요? Can I ~?

① 허락을 요청할 때

저 화장실 가도 돼요?

Can I go to the restroom?

내가 전화기를 사용할 수 있나요?

Can I use your phone?

창문을 열어도 돼요?

Can I open a window?

펜을 빌려도 돼요?

Could I borrow your pen?

공을 빌려도 돼요?

May I borrow a ball?

내가 들어가도 돼요?

May I come in?

내가 물을 마셔도 돼요?

May I drink water?

물론이죠.

Of course.

그러세요.

Certainly.

미안하지만 안 돼.

I'm sorry you can't.

② 제안할 때

제가 도와드릴까요?

Shall I help you?

고마워요.

Thank you.

제가 가방을 옮겨 드릴까요?

Can I carry your bag?

고맙습니다만 괜찮습니다.

No, thanks, I'm fine.

(2) ～하도록 허락해 주세요 Let me ～

TV 보게 해 주세요.

Let me watch TV.

제가 컴퓨터 게임하도록 허락해 주세요.

Let me play computer game.

휴식하도록 허락해 주세요.

Let me take a rest.

하루 쉬도록 허락해 주세요.

Let me have a holiday.

보내 주세요.

Let me go.

놀게 좀 해 주세요.

Let me play.

잠 좀 자게 해 주세요.

Let me sleep.

제가 도와드릴게요.

Let me help you.

제가 할게요.

Let me do it.

제가 찾을게요.

Let me find it.

저한테 주세요.

Let me have it.

제가 설거지할게요.

Let me wash the dishes.

제가 도와드릴게요.

Let me help you.

제가 물을 마시도록 허락해 주세요.

Let me drink water.

제가 화장실에 가도록 허락해 주세요.

Let me go to the restroom.

제가 게임하도록 허락해 주세요.

Let me play the game.

제가 축구게임 하도록 허락해 주세요.

Let me play the soccer.

제가 무엇을 할지 알려 주세요.

Let me know what to do.

제가 어디로 갈지 알려 주세요.

Let me know where to go.

제가 언제 찰지 알려 주세요.

Let me know when to kick.

제가 언제 막을지 알려 주세요.

Let me know when to block.

(3) ～을 가져와라 Get～

밥그릇을 가져와라.

Get some bowls.

포크를 가져와라.

Get some forks.

숟가락을 가져와라.

Get some spoon.

물 좀 가져와라.

Get some water.

주스 좀 갖다 줘.

Get some juice.

신문 좀 갖다 줘.

Get some newspaper.

좀 쉬어라.

Get some rest.

좀 자라.

Get some sleep.

공기 좀 쐬렴.

Get some air.

시간표를 가져와.

Get a timetable.

표를 가져와.

Get a ticket.

지도를 가져와.

Get a map.

그에게 재킷을 가져다줘.

Get him a jacket.

그 여자에게 미트를 가져다줘.

Get her a mitt.

민호에게 호구를 가져다줘.

Get Min-ho a guard.

(4) ～하고 싶니? Do you want～

너 자고 싶니?

Do you want to sleep?

기다릴래?

Do you want to wait?

그가 밖에 나가고 싶어 하니?

Does he want to go out?

그 여자애가 피아노를 치고 싶어 하니?

Does she want to play the piano?

(5) ~가 있다 There is ~

근처에 KFC가 있니?

Is there KFC in the near?

책상 위에 지우개가 있니?

Is there eraser on the table?

탁자 위에 과자가 있어?

Is there snack on the table?

방에 피아노 없어.

There is no Piano in the room.

책상 위에 성적표가 없어.

There is no a report card on the desk.

소파 위에 양말이 없어.

There is no socks on the table.

(6) ~를 가지고 있니? Do you have ~

우산 가지고 있니?

Do you have a umbrella?

그 여자애는 표 있니?

Does she have a ticket?

그 남자애는 공책이 있니?

Does he have a notebook?

(7) ~할 수 있니? / ~해 주시겠어요?(부탁할 때) Can you~

너 수영할 수 있니?

Can you swim?

너 배드민턴 할 수 있니?

Can you play badminton?

너 앞차기 할 수 있니?

Can you kick the front kick?

너 라면 끓일 줄 아니?

Can you cook instant noodles?

너 나 도와줄 수 있어?

Can you help me?

너 내 컴퓨터 고칠 수 있니?

Can you repair my computer?

저한테 기회를 줄 수 있어요?

Can you give me a chance?

나한테 그 비밀을 말해 줄 수 있어?

Can you tell me the secret?

책을 빌려주시겠어요?

Can you lend me your book?

우리 사진을 찍어 주시겠어요?

You take a photo of us, please?

이쪽으로 와 주시겠어요?

Would you come here please?

Tip. **"Can you~?"**보다 **"Would you~?/Could you~?"**가 정중한 표현이다.

네.

Sure.

그러지요.

Certainly.

(8) 누가 ~? / 누구의 ~? Who(whose) is~?

누가 그 남자니?

Who is he?

누가 이겼니?

Who is the winner?

누가 학생회장이야?

Who is the class president?

누가 너희 선생님이야?

Who is your teacher?

누가 너의 여자 친구니?

Who is your girl friend?

누가 너의 가장 친한 친구니?

Who is your best friend?

누가 네가 가장 좋아하는 가수니?

Who is your favorite singer?

누가 네가 가장 좋아하는 배우니?

Who is your favorite actress?

이거 누구의 사진(가방 / 아이디어 / 신발 / 부츠)냐?

Whose picture is this?

Whose bag is this?

Whose idea is this?

Whose shoes is this?

Whose boots is this?

(9) ~(시간)은 어때? How about~?

① How about?

오늘(내일 / 다음 주 / 축구/쇼핑가는 것)은 어때?

How about today?

How about tomorrow?

How about next week?

How about soccer?

How about going shopping?

② What about?

음료수(코미디 / 등산)은 어때?

What about a soda?

What about a comedy?

What about going hiking?

(10) ~은 어땠어? How was~?

① How was(~은 어땠니?)

서커스(박물관 / 소풍 / 영화 / 날씨)는 어땠어?

How was the circus?

How was the museum?

How was the picnic?

How was the movie?

How was the weather?

방학 어떻게 지냈어?

How was the vacation?

네 생일파티 어땠어?

How was the birthday party?

시험 잘 봤어?

How was the test?

② How is(~은 어떠니?)

네 발목(감기 / 눈)은 어때?

How is you ankle?

How is your cold?

How is your eyes?

(11) 너는 ~을 할 거니? What are you going to~

너는 숙제할(책 읽을 / 산책할) 거니?

Are you going to do homework?

Are you going to read a book?

Are you going to take a work?

너 일기 쓸 거니?

Are you going to write a diary?

너 병원에 갈 거니?

Are you going to see a doctor?

너 방청소 할 거니?

Are you going to clean your room?

(12) 나는 ~을 할 거야 I am going to~

나는 나의 아저씨를 방문할 거야.

I'm going to(가나) visit my uncle.

나는 캠핑을 갈 거야.

I'm going to(가나) go camping.

나는 수학공부를 할 거야.

I'm going to(가나) study math.

(13) 너 뭐 / 언제 / 어디에서 ~할 거야? What(When / Where) are you going to~

너 뭐 살 거야?

What are you going to do?

너 뭐라고 말할 거야?

What are you going to say?

너 뭐 하고 놀 거야?

What are you going to play?

너 뭐 할 거야?

What are you going to do?

너 내일 뭐 할 거야?

What are you going to do tomorrow?

방학 때 뭐 할 거야?

What are you going to do on your vacation?

오늘 오후에 뭐 할 거야?

What are you going to do this afternoon?

이번 주말에 뭐 할 거야?

What are you going to do this weekend?

이번 금요일에 뭐 할 거야?

What are you going to do on Friday?

Tip. **What are you going to:** '와르유 가나두'로 읽는다.

언제 할 거야?

When are you going to do?

언제 잘 거예요?

When are you going to sleep?

언제 공부할 거야?

When are you going to study?

어디로 캠프 갈 거야?

Where are you going to go camping?

어디에서 지낼 거야?

Where are you going to stay?

어디로 낚시 갈 거예요?

Where are you going to go fishing?

(14) ～하는 게 어때? Why don't you～

우리 TV 보는 게 어때?

Why don't you watch TV?

우리 배구하는 게 어때?

Why don't you play volleyball?

우리 산책할까?

Why don't you take a walk?

앉는 게 어때?

Why don't you sit?

자러 가는 게 어때?

Why don't you go to bed?

쉬었다 하지 그래?

Why don't you take a rest?

한번 해 보는 게 어때?

Why don't you try once?

한번 먹어 보는 게 어때?

Why don't you try eat?

거기 가 보는 게 어때?

Why don't you try go there?

그 여자한테 말하는 게 어때?

Why don't you tell her?

그녀를 만나 보는 게 어때?

Why don't you meet her?

문 씨에게 물어보는 게 어때?

Why don't you ask Mr. moon?

(15) ~하시겠어요? Would you like~? (우)워쥴라잌

커피 드시겠어요?

Would you like to have coffee?

영화 보러 갈래요?

Would you like to see a movie?

동물원에 갈래요?

Would you like to go to the zoo?

저랑 함께 갈래요?

Would you like to go with me?

저랑 점심 함께 먹으러 갈래요?

Can you have lunch with me?

무엇을 드릴까요?

What would you like?

무엇을 드실래요?

What would you like to have?

무엇을 주문하시겠어요?

What would you like to order?

(16) 너는 어디에 있었니? Where were you? (웨러유우)

어제 어디에 있었냐?

Where were you yesterday?

어제 아침에 어디에 있었냐?

Where were you yesterday morning?

어젯밤에 너는 어디 있었니?

Where were you yesterday night?

어디 가고 있었니?

Where were you going?

어딜 뛰어가고 있었니?

Where were you running?

어딜 걸어가고 있었어?

Where were you walking?

뭐 하며 놀고 있었어?

What were you playing?

뭐 하고 있었어?

What were you doing?

뭐 먹고 있었어?

What were you eating?

뭐 공부하고 있었어?

What were you studying?

(17) ~이니? Is he~?, Are you~?

① Is he(이즈이)?

그는 너의 남자 친구니?

Is he your boyfriend?

이것이 너의 CD니?

Is this your CD?

그 남자애 터프가이니?

Is he a tough guy?

이게 네 사진이니?

Is this your picture?

그 여자 말랐니?

Is she skinny?

② Are you(아여)?

배고프니?

Are you hungry?

피곤하니?

Are you tired?

Part 7

체육관에서 지도자들이 가장 많이
사용하는 영어문장 패턴 90가지
English sentence pattern 90 of most
using by the instructor in the gym

체육관에서 지도자들이 가장 많이
사용하는 영어문장 패턴 90가지
English sentence pattern 90 of most using by the instructor in the gym

1. 차렷 Attention. (= Everyone attention.)

2. 열중 쉬어 Parade rest.

parade: (타동사) 집합·정렬시키다

3. 집합

전체 집합 Everyone fall in(= come together).
전체 해쳐 Everyone out.

4. 정렬

한 줄로 서. Stand in a line.
네 줄로 정렬. Line up in 4 lines.

5. 뒤로 돌아. Turn around.

6. 앉기

전체 무릎 앉아. Everyone sit / on your knee.
쪼그려 앉아. Everyone sit / on your hill.

7. 전체 일어서 Everyone stand up.

8. 준비운동 Warming up

팔 벌려 뛰기 Jumping jack
버피 테스트 Buffee test
팔굽혀펴기 Push up
무릎 앉아. Sit on your knee.
쪼그려 뛰기 Squat(= Sit) / on your hills and jumping.
시계방향으로 Clockwise.
시계 반대 반향으로 Counterclockwise.
윗몸일으키기 Sit-up.
앞으로 취침 Lie / on your stomach.
뒤로 취침 Lie / on your back.

9. 총관장님 Grand master / 관장님 Master / 사범님 Instructor

10. 명상시간 Meditation time.

11. 양말 벗어. Take off your socks.

12. 호구 착용. Take on your all guard gear.

13. 보호대

몸통보호대 Chest gear
머리보호대 Head gear
낭심보호대 Groin guard
팔보호대 Arm guard
정강이보호대 Shin guard

14. 고개 들어. Head up.

15. 조용히 해! Be quite!

16. 큰 소리로(더 크게). Louder.

17. 좀 더 빠르게. Faster.

18. 날 따라 하세요. Copy me. (= Follow me.)

19. 휴식 시간 Break time

20. 동작(움직임) Motion(= Movement)

21. 경고 Warning(= Caution) / 벌점 Penalty points(= Black marks)

22. 신체

주먹 Fist
손가락 Finger
손날 Hand knife

어깨 Shoulders

팔꿈치 Elbow

팔 Arms

손바닥 Palm

가슴 Chest

배 Stomach(= Belly)

명치 Solar plexus

무릎 Knees

허리 Waist

엉덩이 Hips

뒤꿈치 Heels

발목 Ankles

종아리 Calf

발 Feet

다리 Legs

23. 신청서

신청서에 필요사항을 기입해라.

Fill out an application blank.

심사 신청서를 금요일까지 제출해라.

Give in test application by Friday.

신청서를 나눠줘라.

Give out an application.

24. 호신술 Self defense technique.

25. 수행지침 Ascetic training guide.

26. 가까이 Get close. / 벌려 Spread out.

27. 들어올려. Raise up. (= Lift up.) / 내려. Put down.

28. 격파 Breaking board.

29. 발표해라. Make a speech.

30. 연습

연습하는 것을 시작해라.
Begin(Start) practicing(to practice).

연습하는 것을 계속해라.
Keep practicing.

계속해라.
Keep going. (= Keep trying it.)

연습하는 것을 멈춰라.
Stop practicing.

연습하는 것을 끝내라.
Finish practicing.

31. 움직이지 마. Don't move.

32. 앞으로 취침. Lie on your stomach.

33. 뒤로 취침. Lie on your back.

34. 하지 마. Don't do that.

35. 집중해라! Concentrate! (= Pay attention!)

36. 인사 1

어떻게 인사하지?
How do you greet?

<u>너의 부모님께</u> 어떻게 인사하지?
How do you greet / <u>to your parents?</u>

37. 힘주고 빼기

배에 힘줘라.
Put power / your stomachache.

몸에 힘 빼라.
Relax your body.

38. 칭찬

잘했다. Well done. (= Good job. / Very good. / Fantastic! / Perfect! / You did good job.)

39. 정신통일 준비. Ready for concentration of sprit.

40. 경희체육관 찬가 준비. Ready for Kyunghee gym's song.

41. 옆 사람과 떠들지 마라. Stop talking with the person beside you.

42. 국기에 대한 경례. Bow to flag.

43. 출석 1

출석 안 부른 사람 있니? 오른손 들어.

Is there anyone who is not called your name? Raise up your hand.

44. 출석 2

아픈 사람 있니? 오른손 들어.

Is there anyone who is sick? Raise up your hand.

늦은 사람 있니? 오른손 들어.

Is there anyone who is late? Raise up your hand.

심사 안 본 사람 있니? 오른손 들어.

Is there anyone who is not take a test? Raise up your hand.

45. 가지고 오기

가서 미트 가지고 이 자리에 와라.

Go and get the mitt, come back / this spot.

가서 매트 가지고 와라.

Go and get the matt.

가서 원뿔 가지고 와라.

Go and get the circular cone.

가서 몸통보호대 가지고 와라.

Go and get the chest guard.

가서 줄넘기 가지고 와라.

Go and get the jump(= skipping) rope.

가서 출석부 가지고 와라.

Go and get the roll.

46. 정리하기

기구 정리해라.

Arrange the tool.

미트 도로 가져다 놓아라.

Replace(= Return) the mitt.

원뿔 도로 가져다 놓아라.

Replace(= Return) the circular corn.

매트 도로 가져다 놓아라.

Replace(= Return) the matt.

47. 운동하기

준비운동하자.

Ready for warming up.

정리운동하자.

Ready for cooling down.

48. 태극 품새 준비

태극 품새 1장 준비, 구령 없이 시작.
Ready for Taegeuk poomsae 1 jang, begin without command.

태극 품새 1장 준비, 내 구령에 맞추어서 시작.
Ready for Taegeuk poomsae 1 jang, begin at a word up command by my count.

태극 품새 5장 준비, 여러분들 구령에 맞추어서 시작.
Ready for Taegeuk poomsae 5 jang, begin at a word up command by your count.

이렇게 해라.
Do it like this.

49. 소리

기합 소리 더 크게.
Yell louder.

여러분들은 반드시 도복에서 소리가 나도록 해야 한다.
You must make your uniform sound loudly.

50. 상점과 벌점

여러분이 상점을 받으면 상점을 줄 것이다.
If you receive merit point, I'll give you merit point.

여러분이 경고를 받으면 벌점을 줄 것이다.
If you receive warning, I'll give you black mark(= demerit point).

51. 오늘이 무슨 요일이지? What day is it?

52. 날씨

오늘 날씨는 어떠냐?
How is the weather?

날씨가 따뜻하다(덥다 / 춥다 / 화창하다 / 흐리다 / 비가 온다).
It's warm(hot / cold / sunny / cloudy / rainy).

53. 누구의 것

이것은 누구의 가방(시계 / 도복 / 띠)이지?
Whose bag is this?
Whose watch is this?
Whose uniform is this?
Whose belt is this?

54. 무엇 / 어디 / 왜

어제 너는 무엇을 했니?
What did you do yesterday?

어제 너는 어디를 갔니?
Where did you go yesterday?

어제 너는 왜 결석했니?
Why were you absent?

나는 아팠기 때문에 결석했다.
I was absent because I was ill(= sick).

나는 매우 바빴기 때문에 결석했다.

I was absent I was very busy.

너는 왜 안 가려고 하니?

Why aren't you going?

나는 매우 바쁘기 때문에 가지 않는다.

I don't go because I was very busy.

나는 두려웠기 때문에 가지 않았다.

I didn't go because I was afraid.

게임은 비 때문에 중지되었다.

The game was called because of rain.

버스의 높은 속도 때문에 가벼운 눈조차 사고의 원인이 된다는 것이 판명되었다.

Because of the bus's high speed, even the slight proved to become a cause of an accident.

55. 버스 내리고 타기

버스에서 내려라.

Get off the bus.

버스에 타라.

Get on the bus.

56. 인사 2

집에 갔을 때 어머니께 인사를 어떻게 하지?

When you went home, how do you greet?

체육관에 갔을 때 사범님(관장님)께 인사 어떻게 하지?

When you came to gym, how do you greet to your instructor?

When you go to gym, how do you greet to your master?

Tip. go와 come

go: 상대방과 함께 있다가 갈 때 사용한다.
나는 너의 사무실로 갈게. I will go to your office.

come: 상대방이 있는 것을 알고 접근할 때는 '가다' 라는 의미가 된다.
내가 너의 사무실로 갈게. I will come to your office.

---

57. 어떻게 말하지?

물먹고 싶을 때 어떻게 말하지?

When do you want to drink water, how do you say?

화장실 가고 싶을 때 어떻게 말하지?

When do you want to go to the toilet, how do you say?

피구하고 싶을 때 어떻게 말하지?

When do you want to play dodge ball, how do you say?

축구하고 싶을 때 어떻게 말하지?

When do you want to play soccer, how do you say?

핸드볼하고 싶을 때 어떻게 말하지?

When do you want to play handball, how do you say?

딱지놀이하고 싶을 때 어떻게 말하지?

When do you want to play dump, how do you say?

58. 질문 1

질문 있습니다.

I have a question.

질문하고 싶은 사람 있니?

Is there anyone who wants to ask?

나에게 무엇을 묻기를 원하니?

What do you want to ask me?

내가 질문 한 가지 할 것이다.

I will give you a question.

빨리 대답해라.

Answer quickly.

59. 휴식

너는 휴식이 필요하다.

You need some rest.

몇 분의 휴식은 네가 괜찮아지도록 할 것이다.

A few minutes rest will set you right.

60. 처벌

나는 네가 거짓말한 것에 대해서 처벌할 것이다.

I will punish you of lying.

나는 네가 싸운 것에 대해서 처벌할 것이다.

I will punish you of fighting.

나는 네가 떠든 것에 대해서 처벌할 것이다.

I will punish you of making a noise.

그가 처벌받아야 하는 것은 <u>그가 너무 나쁘게 행동했기</u> 때문이다. [강조구문]

<u>It is because he has behaved so badly that</u> he must be punished.

61. 약속 지키기

약속을 깨뜨리지 마라.

Don't break your promise(= words).

맹세를 깨뜨리지 마라.

Don't break your oath(= pledge).

약속(맹세)을 지켜라.

Keep your promise(= oath / pledge).

62. 말보다는 행동으로 옮겨라. Put into your action.

63. 차례대로 한 줄로 서라. Stand in a line.

64. 네 차례다. 심사 준비해라. It's your turn. Prepare for the test.

65. 꼼지락거리지 마라. Don't squirm.

66. ~하지 마라

돌아다니지 마라.

Stop moving.

장난치지 마.

Don't play around. (= Don' mischief.)

뛰지 마라.

Don't run(jump).

시험에 부정행위하지 마라.

Don't cheat on the exam.

소리치지 마라.

Don't shout.

단것을 너무 먹지 마라.

Don't eat too many sweet things.

바닥을 / 어지르지 마라.

Don't make a mess / in the floor.

매트에서 뛰지 마라.

Don't run on the mat.

컴퓨터 게임하지 마라.

Don't play computer.

다른 사람을 놀리지 마라.

Don't make fun of others.

종이컵을 낭비하지 마라.

Don't waste of paper cup.

싸우지 마라.

Don't fight.

믿지 마라.

Don't believe it.

만지지 마라.

Don't touch it.

너의 과거를 잊어라.

Forget your fast.

조용한 상태를 유지해라.

Keep quiet.

조용히 해라.

Be quiet.

의사가 되라.

Become a doctor.

부지런해라.

Be diligent.

정확히 해라.

Be accurate.

진정해라.

Relax.

물병을 닫아라.

Cap bottle.

꽃에 물 줘라.

Water flower.

쳐다봐라.

Take a look. (= Take a look at it.)

들어와!

Get in!

당장 나가!

Get out now!

늦지 마!

Don't be late!

가서 가져와!

Go and get it!

와서 가져가!

Come and get it!

꼼짝 말고 서 있어.

Stand still.

거기 있어.

Stay there.

바보짓 하지 마!

Stop being a fool.

계획을 미리 세워라!
Plan ahead.

계속 연습하자.
Let's keep practicing.

67. 지시하기

조용히 앉아 있어.
Sit still.

꼼짝 말고 서 있어.
Stand still.

사무실로 와라.
Come to the office.

네가 본 것을 말해.
Tell me what you saw.

사무실로 그를 데려가라.
Take him to the office.

68. 주의 주기 1

말다툼하지 마라.
Don't bickering.

말썽 피우지 마라.
Don't act up.

69. 주의 주기 2

행실을 조심해라.
Mind your manner.

말조심해라.
Watch your mouth.

나에게 말대답하지 마라.
Don't talk back to me.

수업 중에 떠들지 마라.
Don't be noisy during class.

70. 권장하기

서로 착하게 지내라.
Be nice to each other.

사이좋게 지내라.
Get along.

너의 부모님께 잘해라.
Be nice to your parents.

너의 친구들(동료들)에게 잘해라.
Be nice to your friends.
Be nice to your colleague

71. 청소

내가 청소하는 것을 도와다오.

Help me clean up.

네 것 치워.

Put away your thing.

네 것 주워.

Pick up your thing. (= Pick it up.)

내버려 둬.

Leave it alone.

72. 동작 지시

동작 그만.

Stop what you're doing.

그 동작을 다시 천천히 해 주겠니?

Would you repeat that motion slowly?

준비해라.

Get ready it.

73. 동작의 빠르고 느림

너의 동작은 빠르다.

Your movements are agile(= quick).

(= You are slow in action(= motion).)

너의 동작은 느리다.

Your movements are slow.

74. 그 동작을 느리게 해 주시겠습니까?

Would you repeat that motion slowly?

75. 차기

차라 / 빠른 걸음으로.

Kick with quick steps.

차라 / 느린 걸음으로.

Kick with slow steps.

차라 / 큰 걸음으로.

Kick with long steps.

차라 / 작은 걸음으로.

Kick with short steps.

차라 / 가벼운 걸음으로.

Kick with light steps.

차라 / 무거운 걸음으로.

Kick with heavy steps.

차라 / 유연한 동작으로.

Kick with flexible movement.

차라 / 경쾌한 동작으로.

Kick with nimble movement.

차라 / 재빠른 동작으로.

Kick with agile movement.

차라 / 느린 동작으로.

Kick with slow movement.

차라 / 빠른 동작으로.

Kick with fast movement.

76. 구르기

굴러라 / 왼쪽으로.

Roll to the left.

굴러라 / 오른쪽으로.

Roll to the right.

굴러라 / 앞으로.

Roll forward.

굴러라 / 뒤로.

Roll back.

굴러라 / 옆으로.

Roll aside.

굴러라 / 대각선으로.

Roll diagonally.

77. 구보

구보해라.

Do double-quick step.

운동장(체육관)을 3바퀴 돌아라.

Run(= Make) three laps / around the track.

Run(= Make) three laps / around gymnasium ground.

마루를 3바퀴 돌아라.

Run(= Make) three laps / around the floor.

lap: 트랙 한 바퀴

78. 부탁

예를 한 가지만 들어 주시겠어요?

Could you give me an example?

부탁해도 될까요?

May I ask you a favor?

생각할 시간 좀 주시겠어요?

Could you give me some time / to think?

(= Let me think or a minute.)

79. 생각이 안 날 때

나는 정확한 답을 모르겠어요.

I don't know right answer.

나는 적절한 말이 떠오르지 않는다.

I can't think of the right word.

나는 내 이름이 떠오르지 않는다.

I can't think of my name.

걱정하지 마라, 괜찮아.

Don't worry about it, no problem.

80. 수긍하기

이 질문에 대한 나의 답은 '예스'이다.

My answer to this question is "yes."

나는 <u>무슨 뜻인지</u> 알겠다.

I know <u>what you mean.</u>

81. 질문 2

질문 있니?

Do you have any question?

질문 있습니다.

I have a question.

<u>질문할</u> 사람 있니?

Is there anyone / <u>to ask?</u>

오늘 우리가 배운 것에 대해서 질문 있니?

Does anyone have any question on what we learned today?

질문해도 됩니까?

May I have a question?

질문할 사람 있습니까?

Is there anyone / to ask?

질문이 있으면 수업 후에 언제든지 자유롭게 질문해라.

If you have any question, feel free to ask me after class.

전화하고 싶으면 언제든지 자유롭게 전화해라.

If you want to call me, feel free to call me.

82. 싸움 1

너는 몇 번 싸우니(때리니)?

How many times do you fight(hit)?

너는 얼마나 자주 싸우니(때리니)?

How often do you fight(hit)?

너는 어디서 싸우니(때리니)?

Where do you fight(hit)?

너는 어떻게 싸우니(때리니)?

How do you fight(hit)?

너는 언제 싸우니(때리니)?

When do you fight(hit)?

너는 왜 싸우니(때리니)?

Why do you fight(hit)?

83. 싸움 2

내가 몇 번 말했니?
How many times did I tell you?

몇 번 싸웠니(때렸니)?
How many times did you fight?

얼마나 자주 싸웠니(때렸니)?
How often did you fight?

어디서 싸웠니(때렸니)?
Where did you fight?

어떻게 싸웠니(때렸니)?
How did you fight(hit)?

언제 싸웠니(때렸니)?
When did you fight(hit)?

왜 싸웠니(때렸니)?
Why did you fight(hit)?

84. 싸움 3

너는 어디서 싸울 거니(때릴 거니)?
Where will you fight(hit)?

너는 어떻게 싸울 거니(때릴 거니)?
How will you fight(hit)?

너는 언제 싸울 거니(때릴 거니)?

When will you fight(hit)?

너는 왜 싸울 거니(때릴 거니)?

Why will you fight(hit)?

너는 몇 번 싸울 거니(때릴 거니)?

How many times will you fight(hit)?

너는 얼마나 자주 싸울 거니(때릴 거니)?

How often will you fight(hit)?

85. 무엇을~? / 얼마나~?

너는 나를 위해 무엇을 해 줄 수 있니?

What can you do for me?

나는 <u>네가 원하는 것은 무엇이든지</u> 할 수 있다.

I can do / <u>whatever you want.</u>

여기서 거기까지 얼마나 떨어져 있니?

How far is it from here?

거기 도착하는 데 얼마나 걸리니?

How long dose it take to get there?

한 달 회비는 얼마나 하죠?

How much does it cost to membership fee for a month?

한 달 주차료는 얼마나 해요?

How much does it cost to rent a space there for a month?

여기서 당신 집까지는 얼마나 떨어져 있나요(먼가요)?

How far is it to your house from here?

여기서 기차역까지 얼마나 멀어요?

How far is the train station from here?

마라도는 여기서 얼마나 멀어요?

How far is Mara-do from here?

여기서 전철역이 얼마나 멀죠?

How far is the subway station from here?

난 그냥 그게 얼마나 먼 길인가 하고 생각하고 있었어.

I was just thinking what a long way it is.

ABC 빌딩이 얼마나 멀죠?

How far is the ABC building?

<u>기차역까지</u>는 얼마나 멉니까? 말씀해 주십시오.

How far is it / <u>to the railroad Station?</u> Could you tell me?

86. 말을 길게 늘어뜨리는 방법(어떤 사람 / 어떤 사물)

먼저 차고 싶은 수련생은 오른손을 들어라.

The practitioner who wants to kick first raise up your right hand.

먼저 발표하기를 원하지 않는 수련생은 오른손을 들어라.

The practitioner who don't want to present(= announce) first raise up your right hand.

먼저 발표하기를 원하는 수련생은 오른손을 들어라.

The practitioner who wants to present(= announce) first raise up your right hand.

먼저 미트를 차기를 원하는 수련생은 오른손을 들어라.

The practitioner who wants to kick the mitt first raise up your right hand.

먼저 물먹기를 원하는 수련생은 오른손을 들어라.

The practitioner who wants to drink water first raise up your right hand.

먼저 화장실을 가기를 원하는 수련생은 오른손을 들어라.

The practitioner who wants to go to the toilet first raise up your right hand.

먼저 상을 타기를 원하는 수련생은 오른손을 들어라.

The practitioner who wants to get the prize first raise up your right hand.

먼저 상점을 얻기를 원하는 수련생은 오른손을 들어라.

The practitioner who wants to get the merritt point first raise up your right hand.

먼저 게임하기를 원하는 수련생은 오른손을 들어라.

The practitioner who wants to play the game first raise up your right hand.

먼저 더 먹고 싶은 원하는 수련생은 오른손을 들어라.

The practitioner who wants to eat more first raise up your right hand.

먼저 자원하고 싶은 수련생은 오른손을 들어라.

The practitioner who wants to volunteer more first raise up your right hand.

먼저 가치 있는 삶을 살기를 원하는 수련생은 오른손을 들어라.

The practitioner who wants to live worthy life first raise up your right hand.

먼저 빨리 체중을 줄이기를 원하는 수련생은 오른손을 들어라.

The practitioner who wants to lose the weight first raise up your right hand.

먼저 대답하기를 원하는 수련생은 오른손을 들어라.

The practitioner who wants to answer(= reply) first raise up your right hand.

먼저 대답하기를 원하는 수련생은 오른손을 들어라.

The practitioner who wants to answer first raise up your right hand.

먼저 게임하기를 원하는 수련생은 오른손을 들어라.

The practitioner who wants to play the game first raise up your right hand.

먼저 겨루기하기를 원하는 수련생은 오른손을 들어라.

The practitioner who wants to fight the game first raise up your right hand.

먼저 피구게임 하기를 원하는 수련생은 오른손을 들어라.

The practitioner who wants to play the dodge ball first raise up your right hand.

먼저 축구게임 하기를 원하는 수련생은 오른손을 들어라.

The practitioner who wants to play soccer game first raise up your right hand.

먼저 족구게임 하기를 원하는 수련생은 오른손을 들어라.

The practitioner who wants to play the Korean shuttlecock first raise up your right hand.

먼저 팔씨름게임 하기를 원하는 수련생은 오른손을 들어라.

The practitioner who wants to play the arm wrestling game first raise up your right hand.

먼저 제기차기 하기를 원하는 수련생은 오른손을 들어라.

The practitioner who wants to play the "Jegi-chagi" game first raise up your right hand.

먼저 폭탄게임 하기를 원하는 수련생은 오른손을 들어라.

The practitioner who wants to play the bomb game first raise up your right hand.

먼저 짝짓기게임 하기를 원하는 수련생은 오른손을 들어라.

The practitioner who wants to play the making a pair game first raise up your right hand.

먼저 <u>합숙훈련하기를 원하는</u> 수련생은 오른손을 들어라.

The practitioner who <u>wants to live together in a training camp</u>(= stay in a camp for training) first raise up your right hand.

먼저 수영하기를 원하는 수련생은 오른손을 들어라.

The practitioner who wants to play swimming first raise up your right hand.

live together in a training camp: 합숙훈련을 하다
stay in a camp for training: 합숙훈련을 하다
camp training: 합숙훈련

먼저 심사결과를 알기를 원하는 수련생은 오른손을 들어라.

The practitioner who wants to know the result of the test first raise up your right hand.

먼저 여름캠프 가기를 원하는 수련생은 오른손을 들어라.

The practitioner who wants to go summer camping raise up your right hand.

먼저 스키캠프 가기를 원하는 수련생은 오른손을 들어라.

The practitioner who wants to go skiing raise up your right hand.

게임에서 이긴 사람 오른손 손들어.

The practitioner who lost the game raise up your right hand.

게임에서 진 사람 오른손 손들어.

The practitioner who won the game raise up your right hand.

먼저 대통령이 되고 싶은 사람은 손들어라.

The practitioner who wants to be president raise up your hand.

먼저 챔피언이 되고 싶은 사람은 손들어라.

The practitioner who wants to be champion raise up your hand.

먼저 선생님이 되고 싶은 사람은 손들어라.

The practitioner who wants to be teacher raise up your hand.

먼저 관장이 되고 싶은 사람은 손들어라.

The practitioner who wants to be master raise up your hand.

먼저 사범이 되고 싶은 사람은 손들어라.

The practitioner who wants <u>to be</u> instructor raise up your hand.

먼저 의사가 되고 싶은 사람은 손들어라.

The practitioner who wants <u>to be</u> a doctor raise up your hand.

먼저 경영자가 되고 싶은 사람은 손들어라.

The practitioner who wants <u>to be</u> representative(vice representative) raise up your hand.

과대표(부과대표) 하고 싶은 사람 손들어.

The practitioner who wants to president(vice president) raise up your hand.

먼저 반장(부반장)이 되고 싶은 사람은 손들어라.

The practitioner who wants to the president(the vice president) raise up your hand.

먼저 더 먹고 싶은 원하는 수련생은 주문해야 한다.

The practitioner who wants to eats more should order.

먼저 가치 있는 삶을 살기를 원하는 수련생은 시간을 낭비하지 않을 것이다.

The practitioner who wants to live worthy life won't waste time.

먼저 게임하기를 원하는 수련생은 그렇게 할 수 있다.

The practitioner who wants to play the game can do so.

다친 사람 있니?

Was anybody hurt?

너는 질문 있니?

Do you have any question?

오늘 배운 것에 대해서 질문 있는 사람 누구 있니?

Does anyone have any question on what we learned?

거기에 누구(아무나) 있니?

Is anyone there?

누가 널 보았니?

Did anyone see you?

누구든 오고 싶은 사람 있니?

Does anyone else want to come?

그 문제에 대해서 조사하고 있는 사람 누구 있니?

Is there anyone who looking into the problem?

삼성에서 온 사람 누구 있나?

Is there anyone who is from Samsung?

아픈 사람 누구 있니?

Is there anyone who is sick?

결석한 사람 누구 있니?

Is there anyone who is hurt?

다친 사람 누구 있니?

Is there anyone who is absent?

자기 이름 부르지 않은 사람 누구 있니?

Is there anyone who is not called your name?

영어를 매우 잘 말하는 사람 누구 있니?

Is there anyone who speaks English very well.

너는 그 문제에 대해서 조사하고 있는 어떤 사람을 알고 있니?

Do you know anyone who looking into the problem?

너는 삼성에 온 어떤 사람을 알고 있니?

Do you know anyone who is from Samsung?

너는 아픈 어떤 사람을 알고 있니?

Do you know anyone who is sick?

너는 결석한 어떤 사람을 알고 있니?

Do you know anyone who is absent?

너는 자기 이름 부르지 않은 어떤 사람을 알고 있니?

Do you know anyone who is not called your name?

너는 영어를 매우 잘하는 어떤 사람을 알고 있니?

Do you know anyone who speaks English very well.

너의 가족은 몇 명이니?

How many children are there in your family?

너는 몇 학년이니?

What year(= grade) are you in?

너는 어느 학교에 다니니?

Which school do you go to?

너는 어느 클럽에 속해 있니?

Which club do you belong to?

너의 꿈은 무엇이냐?

What is your dream?

왜 / 너는 커서 / ~이 되고 싶으냐?

Why would you like to become ~ / when you grow up?

너의 취미는 무엇이냐?

What is your hobby?

너의 특기는 무엇이냐?

What is your special ability?

87. 말꼬리를 잡고 꼬치꼬치 캐묻는 방법(무엇 / 장소 / 방법 / 시간 / 이유)

너는 한 달에 몇 번씩 외식하니?

How many times do you go out?

너는 얼마나 자주 외식하니?

How often do you go out?

너는 나와 함께 외식하기를 원하니?

Do you want to eat out with me?

왜 너는 그렇게 자주 외식하니?

Why do you want eat out so often?

너는 오늘밤 외식하고 싶니?

Do you want go out today?

너는 무엇을 외식하기를 원하니?

What do you want to eat out?

너는 몇 시에 외식하기를 원하니?

What time do you want to eat out?

누가 먼저 할래?

Who is going to go first?

누가 먼저 발표할래?

Who is going to present first?

누가 먼저 미트를 찰래?

Who is going to kick the mitt?

누가 먼저 자원할래?

Who is going to volunteer?

누가 먼저 시범 보일래?

Who is going to show an example?

누가 먼저 송판을 격파할래?

Who is going to break the board?

먼저 할 사람 누구 있니?

Is there anyone / who is going to go first?

먼저 발표할 사람 누구 있니?

Is there anyone / who is going to present?

먼저 미트 찰 사람 누구 있니?

Is there anyone / who is going to kick the mitt?

먼저 자원할 사람 누구 있니?

Is there anyone / who is going to volunteer?

먼저 시범 보일 사람 누구 있니?

Is there anyone / who is going to show an example?

먼저 송판 격파할 사람 누구 있니?

Is there anyone / who is going to break the board?

이 연습 문제들은 너무나 쉬워서 거의 누구나 할 수 있다.

The exercises are so simple that almost anyone can do that.

너는 누구냐?

Who are you?

그들은 누구냐?

Who are they?

나는 누구냐?

Who am I?

너는 누구를 좋아하느냐?

Who do you like?

누가 졸고(움직이고 / 떠들고 / 코를 골고 / 이기고) 있니?

Who is sleeping?

Who is moving?

Who is making a noise?

Who is snoring?

Who is winning?

그것들은 무엇이니?

What are they?

너는 무엇을 좋아하니?

What do you like?

너는 나를 위해서 무엇을 할 수 있니?

What can you do for me?

나는 네가 원하는 것을 할 수 있다.

I can do what you want.

너는 무엇을 먹고 싶니?

What would like to eat?

어떤 종류의 발차기를 좋아하니?

What kind of kick do you like?

어떤 종류의 발차기에 대해서 능숙하니?

What kind of kick are you good at?

너는 어느 것을 더 좋아하니?

Which one do you prefer?

너는 언제 도착하니(떠날 거니)?

When <u>will</u> you arrive(= leave)?

너는 언제 숙제할 거니?

When <u>will</u> you do your homework?

너는 언제 연습할 거니?

When <u>will</u> you practice?

너는 언제 철들래?

When <u>will</u> you grow up?

그것은 언제 준비될까?

When <u>will</u> it be ready?

너는 언제 시간이 될까?

When <u>will</u> you be available?

내가 언제 다시 알 수 있을까?

When <u>will</u> I hear from you again.

너는 이 수수께끼에 답할 수 있니?

Can you answer to riddle?

너는 이 질문에 답할 수 있니?

Can you answer to this question?

내가 어디로(어떻게) 연락하면 될까요?

Where(How) can I reach you?

이 번호로 연락하면 돼.

You can reach me at this number.

너는 경찰관에게 무엇을 물어보고 있었니?

What <u>were</u> you <u>asking</u> the policeman?

너는 무엇을 찾고 있었니?

What <u>were</u> you <u>looking(= searching) for</u>?

내가 너에게 전화했을 때 너는 무엇을 하고 있었니?

What <u>were</u> you <u>doing</u> when I called you?

너는 무엇을 먹고(만지고 / 인쇄하고 / 읽고 / 듣고 / 말하고 / 연습하고) 있었니?

What <u>were</u> you <u>eating</u>?

What <u>were</u> you <u>touching</u>?

What <u>were</u> you <u>printing</u>?

What <u>were</u> you <u>reading</u>?

What <u>were</u> you <u>hearing</u>?

What <u>were</u> you <u>speaking</u>?

What <u>were</u> you <u>practicing</u>?

내가 너에게 전화했을 때 너는 어디서 공부하고(일하고 / 운동하고 / TV를 보고) 있었니?

When I called you where <u>were</u> you <u>studying</u>?

When I called you where were you working?

When I called you where were you working out?

When I called you where were you watching the TV?

너는 어디서 음악을 듣고(샤워하고 / 시험을 보고 / 레슨 받고 / 강의하고 / 기도하고)
있었니?

Where were you listening to the music?

Where were you taking a shower?

Where were you taking the test?

Where were you taking a lesson?

Where were you giving a lesson?

Where were you praying?

너는 어디를 정조준하고 있었니?

Where were you aiming for?

너는 어디에서 기사를 읽고 있었니?

Where were you reading the article?

88. 영어로 ~을 어떻게 말하지?

영어로 "줄넘기(미트 / 뜀틀 / 지철심경 / 무인불승 넘버 1 / 무인불승 넘버 2 / 욕승인자
필선자승 / 무릎 돌리기 / 발목 돌리기 / 팔 벌려 뛰기 / 무릎 앉아 / 가위바위보)"를 어
떻게 말하지?

How do you say "줄넘기" in English?

How do you say "미트" in English?

How do you say "뜀틀" in English?

How do you say "지철심경" in English?

How do you say "무인불승 넘버 원" in English?

How do you say "무인불승 넘버 투" in English?

How do you say "욕승인자 필선자승" in English?

How do you say "무릎 돌리기" in English?

How do you say "발목 돌리기" in English?

How do you say "팔 벌려 뛰기" in English?

How do you say "무릎 앉아" in English?

How do you say "가위바위보" in English?

영어로 "들어가도 되겠습니까? / 화장실 가도 되겠습니까? / 물 마셔도 되겠습니까? / 공 가지고 피구해도 되겠습니까? / 딱지치기해도 되겠습니까? / 줄넘기해도 되겠습니까? / 과자 먹어도 되겠습니까? / 공 가지고 야구해도 되겠습니까?"를 어떻게 말하지?

How do you say "들어가도 되겠습니까?" in English?

How do you say "화장실 가도 되겠습니까?" in English?

How do you say "물 마셔도 되겠습니까?" in English?

How do you say "공 가지고 피구해도 되겠습니까?" in English?

How do you say "딱지치기해도 되겠습니까?" in English?

How do you say "줄넘기해도 되겠습니까?" in English?

How do you say "과자 먹어도 되겠습니까?" in English?

How do you say "공 가지고 야구해도 되겠습니까?" in English?

89. 한국어로 ~을 어떻게 말하지?

한국어로 "정강이(엉덩이 / 가슴 / 손목 / 발목 / 급소)"를 어떻게 말하지?

How do you say "shin" in Korean?

How do you say "buttocks" in Korean?

How do you say "chest" in Korean?

How do you say "wrist" in Korean?

How do you say "ankle" in Korean?

How do you say "vital point" in Korean?

한국어로 "승리하기 위해 참아라(승리하기 위해 인자하라)"를 어떻게 말하지?

How do you say "Be patient to win" in Korean?

How do you say "Be generous to win" in Korean?

태권도 수업을 마치고 네가 집에 갔을 때 너의 부모님에게 인사를 어떻게 하지?

How do you greet to your parent's when you go home after Taekwondo class.

90. 증가시켜 주는 것

태권도 품새 연습은 육체적, 정신적, 영혼적으로 3가지 측면에서 행복감을 증가시켜 준다. 그리고 태권도 겨루기 연습은 힘, 민첩성을 증가시켜 준다.

Taekwondo poomsae practice enhances the sense of well being on 3 levels physical, mental and spiritual. And Taekwondo sparring practice enhances the power and the agility.

낙법 연습은 자신감을 증가시켜 준다.

Breakfall practice enhances the self defence.

쌍절곤 연습은 협응성과 호신술을 증가시켜 준다.

Double chuck practice enhances the coordination and the self defence.

줄넘기 연습은 근력과 순발력을 증가시켜 준다.

Skipping rope practice enhances the muscle power and the power.

Part 8

태권도를 영어로 가르칠 때
꼭 알아야 할 핵심문법
Core grammar to know when you teach
Taekwondo in English

태권도를 영어로 가르칠 때 꼭 알아야 할 핵심문법
Core grammar to know when you teach
Taekwondo in English

영어는 위치언어이다. 그러므로 수업 전(Before class)이나 수업 도중(During class) 수업 후 (After class)에 아주 빈번하게 사용하는 영어 문장 구조가 몇 형식인지를 터득하면 아주 쉽게 자신이 쓰고 싶은 문장들을 만들어 낼 수 있다.

> **Tip.** 태권도 동작 교정 시에는 주어+동사+보어(형용사) 형태의 **2형식**과 주어+동사+목
> 적어 형태의 **3형식** 구문을 주로 쓴다. 그리고 동작 교정 시에 필수적인 동사들의
> 용법도 알아야 한다.

1) 태권도 동작 설명 시 주로 사용되는 2형식 구문

내가 너를 좋아하는 것은 너의 성실한 태도이다.
What I like you is your sincere attitude.

내가 알고 싶은 것은 네가 왜 늦었는지이다.
What I want to know is why you were late.

오직 내가 알고 싶은 것은 왜 결석했는지이다.

Only what I want to know is why you were absent.

오직 내가 알고 싶은 것은 친구들과 왜 싸웠는지이다.

Only what I want to know is why you fought with your friends.

내가 알고 싶은 것은 왜 옆 사람과 떠들었는지이다.

What I want to know is why you make a noise with the person beside you.

우리의 목표는 우리가 얼마나 체중을 줄일 수 있는지이다.

Our goal is how much we lose our weight.

나의 질문은 네가 나를 도와줄지 아닐지이다.

My question is whether you will help me or not.

요점은 어떻게 다쳤는지이다.

The point is how you hurt.

요점은 수련생들이 왜 움직였는지이다.

The point is why the practitioner moved.

요점은 어떻게 빨리 돌려차기를 차는지이다.

The point is how fast we kick the round house kick.

2) '~해야 한다'는 도덕적 의무를 강조할 때 표현하는 3형식 구문

너의 동작은 흐트러지지 말아야 한다.

Your motion should be unbroken.

unbroken: (형용사) 깨지지 않는

너의 신체는 힘을 빼야 한다.

Your body should be relaxed.

relaxed: (형용사) 편안한

엉덩이는 볼에 평행해야 한다.

The hips and shoulders should be parallel to the ball.

parallel: (형용사) 평행한

너의 왼쪽 어깨는 오른쪽 어깨보다 더 높아야 한다.

Your left shoulder should be higher than the right shoulder.

higher: (형용사) 더 높게

너의 상체는 양간 앞으로 구부려져야 한다.

The upper torso should be bent forward slightly.

bent: (형용사) 뒤틀린

무단결석은 하지 않도록 해라.

You should never be absent without notice.

(= Don't be absent without leave.)

absent: (형용사) 결석한

너는 의사의 진찰을 받는 게 좋겠다.

You should see a doctor.

너는 잠시 동안 쉬는 게 좋겠다.

You should take a break for a while.

너는 잠시 쉬고 미팅을 갖는 게 좋겠다.

You should take some rest and have a meeting.

너는 집에 가서 잠자는 게 좋을 것 같다.

You should go home and go to bed.

너는 그것을 당장 해야 할 것 같다.

You should do it right away.

너는 어려움을 극복해야 한다.

You should get over the difficulty.

너는 이것을 주의 깊게 고려해야 한다.

You should consider this carefully.

너는 최선을 다하려고 노력해야 한다.

You should try your best.

너는 영어를 배우려고 노력해야 한다.

You should try to learn English.

너는 누군가에 얘기할 때마다 영어로 말하려고 노력해야 한다.

You should try to speak in English whenever you talk to somebody.

너는 휴식을 취해야 한다.

You should try to take a break.

너는 너의 목표를 달성하도록 해야 한다.

You should try to achieve your goal.

너는 너의 시범에 그들의 주의를 끌 수 있도록 노력해야 한다.

You should try to draw their attention to your demonstration.

너는 영어를 말하는 방법을 배워야 한다.

You should learn how to speak English.

너는 너 혼자 자립하는 방법을 배워야 한다.

You should learn how to live on your own.

너는 너 자신을 조절하는 방법을 배워야 한다.

You should learn how to control yourself.

너는 스스로 자립하는 방법을 배워야 한다.

You should learn how to stand up for yourself.

너는 감사를 표현하는 방법을 배워야 한다.

You should learn how to express your thanks.

너는 그 문제를 푸는 방법을 배워야 한다.

You should learn how to solve the problem.

너는 너의 파트너에게 공격하는 방법을 배워야 한다.

You should learn how to attack to your partner.

너는 수비하는 방법을 배워야 한다.

You should learn how to defense.

너는 앞차기를 차는 방법을 배워야 한다.

You should learn how to kick the front kick.

너는 옆차기를 차는 방법을 배워야 한다.

You should learn how to kick the side kick.

너는 돌려차기를 차는 방법을 배워야 한다.

You should learn how to kick the roundhouse kick.

너는 뒤후려차기를 차는 방법을 배워야 한다.

You should learn how to kick the back spin kick.

너는 그것을 해서는 안 돼.

You shouldn't do that.

너는 거짓말을 해서는 안 돼.

You shouldn't tell a lie.

너는 너의 책임을 소홀히 해서는 안 돼.

You shouldn't neglect your responsibility.

너는 간섭하지 말아야 해.

You shouldn't interfere.

너는 겉모습을 보고 사람을 판단해서는 안 돼.

You shouldn't judge people by the way they look.

Tip. should have+P.P.: "~을 했어야 했는데 하지 않았다"의 의미로 후회, 뉘우침을 포함하는 부정의 의미를 갖는다.

너는 더 열심히 연습했어야 했어.

You should have practiced.

너는 나에게 먼저 얘기했어야 했어.

You should have talked to me.

너는 나의 충고를 따랐어야 했어.

You should have followed my advice.

너는 나를 일찍 봤어야 했어.

You should have seen earlier.

너는 좀 더 조심했어야 했어.

You should have been more careful.

너는 시험을 보았어야 했는데.

You should have taken the test.

너는 좀 더 신중했어야 했는데.

You should have been more considerate.

너는 일찍 잠자리에 들었어야 했는데.

You should have gone to bed earlier.

나는 너에게 전화를 했어야 했는데.

I should have called you.

나는 몇 주 전에 그렇게 했어야 했는데.

I should have done a few weeks ago.

3) 누가(who), 언제(when), 어디서(where), 무엇을(what), 어떻게(how), 왜 (why), 누구를(whom), 누구의(whose), 어느 것을(which), that(~는 것을) 등에 대해서 말할 때 자주 사용하는 3형식 구문

명사절(긴 명사)은 의문사 11개와 that을 합한 12개의 단어를 이용해서 명사절을 자유자재로 만든다: 누가(who), 무엇을(what), 어느(which), ~인지(whether), 어디서(where), 어떻게 (how), 언제(when), 왜(why), 누구를(whom), 누구의(whose), 어느 것을(which), that(~는 것).

(1) 의문사(who, when, where, what, how, why)절

나는 네가 누구와 놀았는지를 안다.

I know who you played.

나는 네가 언제 놀았는지를 안다.

I know when you played.

나는 네가 어디서 놀았는지를 안다.

I know where you played.

나는 네가 무엇을 놀았는지를 안다.

I know what you played.

나는 네가 어떻게 놀았는지를 안다.

I know how you played.

나는 네가 왜 놀았는지를 안다.

I know why you played.

나는 네가 누구를 확인했는지를 안다.

I know whom you checked.

나는 네가 어느 것을 확인했는지를 안다.

I know which you checked.

(2) that절(~는 것을)

나는 여러분들이 나를 사랑한다는 것을 안다.
I know that you love me.

나는 네가 매력적이라는 것을 안다.
I know that you are attractive.

나는 네가 재능이 있다는 것을 안다.
I know that you have a talent.

나는 네가 항상 열심히 연습한다는 것은 알고 있다.
I know that you always practice hard.

나는 네가 떠들지 말아야 한다고(한다는 것을) 경고했다.
I warned that you should not talk.

나는 네가 다른 친구들과 싸우지 말아야 한다고(한다는 것을) 경고했다.

I warned that you should not fight with other friends.

나는 네가 장난치지 말아야 한다고(한다는 것을) 경고했다.

I warned that you should not play around.

나는 네가 떠들지 말아야 한다고(한다는 것을) 말했다.

I said that you should not talk.

(3) 3·4형식 that절 영어 언어회로 형성 예문

그는 그가 집에 가도록 허락해달라고 부탁한다.

He asks that he may be allowed to go home.

그는 그가 집에 가도록 허락해달라고 부탁했다.

He asked that he might be allowed to go home.

나는 네가 피할 수 있었던 것이 궁금하다.

I wonder that you were able to escape.

늦지 않도록 조심해라.

Mind that you're not late.

네가 실수하는 것을 조심해라.

Mind that you make a mistake.

나는 네가 시험에 출석해야 한다고 말했잖아.

I told(= said) that you should attend the test.

나는 네가 성공해야 한다고 말했잖아.

I told(= said) that you should succeed.

나는 네가 시험에 합격해야 한다고 말했잖아.

I told(= said) that you should pass the test.

나는 네가 시험을 치러야 한다고 말했잖아.

I told(= said) that you should take the test.

나는 네가 책임을 져야 한다고 말했잖아.

I told(= said) that you should take responsibility.

나는 네가 화해해야 한다고 말했잖아.

I told(= said) that you should make peace.

나는 네가 꼭 성공할 것이라고 말했잖아.

I told(= said) that you must be successful.

나는 네가 그러한 짓을 하지 말라고 말했다.

I told(= said) that you shouldn't do such a thing.

should not+동사원형: ~하지 말아야 한다

나는 네가 진실을 말하지 말아야 한다고 말했다.

I told(= said) that you shouldn't tell the truth(secret).

나는 네가 떠들지 말아야 한다고 말했다.

I told(= said) that you shouldn't make a noise.

나는 네가 소란을 피우지 말라고 말했다.

I told(= said) that you shouldn't make a trouble.

나는 네가 차별하지 말아야 한다고 말했다.

I told(= said) that you shouldn't make difference.

나는 네가 나쁜 친구를 사귀지 말라고 말했다.

I told(= said) that you shouldn't make a bad friends.

나는 네가 변명을 하지 말라고 말했다.

I told(= said) that you shouldn't make an excuse.

나는 네가 장난치지 말라고 말했다.

I told(= said) that you shouldn't play around.

나는 서로 싸우지 말라고 말했다.

I told(= said) that you shouldn't fight each other.

나는 네가 결석하지 말아야 한다고 말했다.

I told(= said) that you shouldn't be absent.

나는 네가 해로운 행동을 하지 말아야 한다고 말했다.

I told(= said) that you shouldn't be mischievous action.

나는 네가 반말을 쓰지 말아야 한다고 말했다.

I told(= said) that you shouldn't use impolite speech.

나는 네가 너의 친구에게 욕하지 말아야 한다고 말했다.

I told(= said) that you shouldn't abuse to your friends.

나는 네가 너의 친구를 비웃지 말아야 한다고 말했다.

I told(= said) that you shouldn't jeer(= mock) your friends.

나는 네가 거짓말하지 말아야 한다고 말했다.

I told(= said) that you shouldn't tell a lie.

나는 너(나 / 그 / 그녀 / 그들 / 우리)가 가지 말아야 한다고 말했잖아.

I told(= said) that you shouldn't go.

I told(= said) that I shouldn't go.

I told(= said) that he shouldn't go.

I told(= said) that she shouldn't go.

I told(= said) that they shouldn't go.

I told(= said) that we shouldn't go.

나는 네가 늦게 일어나지 말아야 한다고 말했잖아.
I told that you shouldn't get up late.

나는 네가 떠들지 말아야 한다고 말했잖아.
I told that you shouldn't make a noise.

나는 네가 여기서 수영하지 말아야 한다고 말했잖아.
I told that you shouldn't swim here.

나는 네가 동물을 학대하지 말아야 한다고 말했잖아.
I told that you shouldn't cruel / to your pet.

나는 네가 너의 친구에게 무례하지 말아야 한다고 말했잖아.
I told that you shouldn't be rude / to your friends.

나는 네가 게으름을 피우지 말아야 한다고 말했잖아.
I told that you shouldn't be late for class.

나는 네가 지금 여기에 있으면 안 된다고 말했잖아.
I told that you shouldn't be here / now.

나는 네가 수업을 빼먹지 말아야 한다고 말했잖아.
I told that you shouldn't cut(= skip) class.

나는 네가 새치기하지 말아야 한다고 말했잖아.
I told that you shouldn't cut in line.

나는 네가 시간을 낭비하지 말아야 한다고 말했잖아.
I told that you shouldn't waste your time.

나는 네가 수업에 늦지 말아야 한다고 말했잖아.
I told that you shouldn't be lazy.

나는 네가 나를 더 이상 좋아하지 않는다는 것을 안다.

I see that you don't like me anymore.

나는 네가 새로운 남자 친구가 생겼다는 것을 알았다.

I knew that you have a new boyfriend.

나는 네가 김치를 좋아할 거라고 생각했다.

I thought that you would like Kimchi.

나는 네가 더 이상 나를 좋아하지 않는다는 것을 눈치 챘다.

I noticed that you don't like me anymore.

나는 네가 발차기에 흥미가 없다는 것을 눈치 챘다.

I noticed that you are not interested in kicking.

Tip. 설명할 때 자주 애용하는 **that**절

이것은 ~을 의미한다. **This means that~**
그것은 또한 ~을 의미한다. **It also means that~**

---

4) 수업 도입단계(Introduction)와 수업 정리단계(Arrangement)시 자주 쓰는 3·4형식 구문

(1) 수업 도입단계: 3형식

우리는 돌려차기를 어떻게 차는지 배울 것이다.

We will learn how to kick the round house kick.

(2) 수업 도입단계: 4형식

나는 너에게 돌려차기를 어떻게 차는지 가르칠 것이다.

I will teach you how to kick the round house kick.

(3) 수업 정리단계: 3형식

나는 네가 성공할 것이라고 확신한다.

I am sure that you are successful.

(4) 수업 정리단계: 4형식

나는 너에게 질문을 한 가지 할 것이다.

I will give you a question.

네가 만약 이 질문에 정답을 안다면 오른손을 들어라.

If you know the right answer to the question, raise up your right hand.

질문에 대답한다면 나는 상점을 줄 것이다.

If you answer to the question, I will give you merritt point.

5) 수업 중(During class) 금지사항이나 훈계 시 자주 쓰는 5형식 구문

- 주어+동사+목적어(누가)+목적보어(~하도록/~하는 것을)

- 주어+동사+목적어+to 부정사 구문

나는 네가 흩뜨려 놓은 것들을 깨끗이 치우면 좋겠어.

I like you to clean up your own mess.

나는 여러분에게 매일 여러분의 방(도장)을 깨끗이 하라고 말했다.

I told you to clean your room(dojang) every day.

나는 여러분에게 매일 여러분의 이를 깨끗이 닦으라고 말했다.

I told you to clean your teeth every day.

나는 여러분에게 매일 여러분의 부모님에게 인사하라고 말했다.

I told you to bow(= greet) to your parents every day.

나는 여러분에게 조심하라고 말했다.

I told you to be more careful.

나는 네가 합격할 것이라는 것을 약속한다.

I promise you to pass the test.

(1) 주어+동사+목적어+목적보어(동사)+형용사(의미상 보어)

나는 수업 중에 여러분들에게 조용히 하라고 말했다.

I told you not to be quiet during class.

나는 너에게 결석하지 말라고 말했다.

I told you not to be absent.

나는 수업 중에 여러분들에게 움직이지 말라고 말했다.

I told you to move during class.

나는 수업 중에 여러분들에게 나가지 말라고 말했다.

I told you not to go out during class.

결석할 경우에 나는 여러분들에게 매일 전화하라고 말했다.

When you are absent, I told you to call me everyday.

나는 여러분들에게 거울 근처에 가지 말라고 경고했다.

I warned you not to go near the mirror.

나는 너에게 규칙적으로 운동하라고 말했다.

I told you to exercise regularly.

나는 너에게 친구들을 사귀라고 말했다.

I told you to make friends.

(2) 주어+동사+목적어+목적보어(타동사)+목적어(의미상 목적어)

나는 너에게 거짓말하지 말라고 말했다.

I told you not to tell a lie.

나는 여러분에게 옆 사람과 떠들지 말라고 말했다.

I told you not to talk with the person beside you.

나는 여러분에게 친구와 싸우지 말라고 말했다.

I told you not to fight with your friends.

나는 여러분에게 장난치지 말라고 경고했다.

I warned you not to play ground.

나는 여러분에게 수업 중에 물을 마시지 말라고 경고했다.

I warned you not to drink water during class.

나는 여러분에게 카드를 가져오지 말라고 경고했다.

I warned you not to bring the card.

나는 여러분에게 귀중품(돈)을 가져오지 말라고 경고했다.

I warned you not to bring the valuable(money).

나는 여러분에게 휴식을 취하라고 충고했다.

I advised you not to take a rest.

나는 여러분에게 과자를 가져오지 말라고 충고했다.

I advised you not to bring the snack.

Tip. 5형식 전용동사

ask, tell, make, teach, persuade, entice, advise, warn, order, allow, encourage 등

---

① 수업 전 Before class

나는 가방(호구 / 미트)를 가져오라고 말했다.

I told you to bring the bag.

I told you to bring the chest guard.

I told you to bring the mitt.

※ 5형식 특별형식

나는 여러분에게 조용히 하라고 말했다.
I told you to be quiet.

나는 여러분에게 늦지 말라고 말했다.
I told you to be late.

나는 여러분에게 제 시간에 오라고 말했다.
I told you to be on time.

나는 여러분에게 빨리 차에 타라고 말했다.
I told you to get on the bus fast.

나는 여러분에게 빨리 차에서 내리라고 말했다.
I told you to get off the bus fast.

나는 여러분에게 신발을 벗으라고 말했다.
I told you to take off your shoes.

나는 여러분에게 목걸이와 반지를 빼라고 충고했다.
I advised you to take off your necklace and your ring.

② 수업 중 During class

나는 여러분에게 떠들지 말라고 경고했다.

I told you not to make a noise.

나는 여러분에게 장난치지 말라고 경고했다.

I told you not to play around.

나는 여러분에게 집중하라고 말했다.

I told you to be concentrate.

나는 여러분에게 싸우지 말라고 경고했다.

I warned you not to fight.

이번만은 용서해 주겠다.

I will forgive you this time.

그러나 계속 떠들면 여러분에게 벌점을 줄 것이다. [4형식]

If you keep making a noise, I will give you demerit point.

나는 여러분에게 칼 거두라고 말했다.

I told you take away the sword.

나는 여러분에게 칼 털라고 말했다.

I told you shake off the sword.

나는 여러분에게 칼 뽑으라고 말했다.

I told you draw the sword.

나는 여러분에게 호구를 착용하라고 말했다.

I told you put on the sword.

나는 여러분에게 호구를 벗으라고 말했다.

I told you take off the sword.

나는 여러분에게 호구를 제자리에 갖다 놓고 정돈하라고 말했다.

I told you replace the chest guard and arrange it.

나는 여러분에게 옆차기를 좀 더 연습하라고 충고했다.

I advise you practice kicking the side kick more.

나는 여러분에게 휴식하지 말라고 충고했다.

I advise you not to take a rest.

나는 여러분에게 수업 중에 물을 마시지 말라고 충고했다.

I advise you not to drink water during class.

나는 여러분에게 수업 중에 화장실에 가지 말라고 충고했다.

I advise you not to go to the toilets during class.

③ 수업 후 After class

나는 여러분에게 부모님께 인사하라고 말했다.

I told you to greet to your parents.

나는 여러분에게 항상 겸손해야 한다고 말했다.

I always told you to be modest.

나는 인사를 잘하는 사람에게 상점을 줄 것이다. [4형식]

I will give the person greeting well merit point.

(3) 주어+동사+목적어+목적보어(타동사)+간접목적어(의미상 간접목적어)+직접목적어
    (의미상 직접목적어) [4형식]

나는 너에게 하급자에게 앞차기를 어떻게 차는지 가르쳐 주라고 말했다.

I told you to teach the lower belt how to kick the front kick.

(4) 주어+동사+목적어+목적보어(타동사)+목적어(의미상 목적어)+목적보어
    (의미상 목적보어) [5형식]

나는 너에게 하급자가 더 재미있게 만들어 주라고 말했다.

I told you to make the lower belt more interesting.

※ 5형식 특별형식

Tip. 5형식 구문의 이해

5형식은 3형식+2형식의 조합이다. 그래서 2형식 보어에 오는 형용사, 과거분사, 현재
분사, 전치사구가 2형식 보어에 오는 것과 같다. 그래서 목적격과 목적격보어 사이에
be 동사가 생략되어 있다고 생각하고 목적어를 주어처럼 해석하면 이해하기가 쉽다.
be 동사는 '～이다'라는 단순한 의미이므로 영어는 분사구문과 5형식 등에서 자주 생
략하는 것을 볼 수 있다.

1. 주어+동사+목적어+to 부정사

나는 네가 가기를 원한다.
I like you to go.
나는 네가 가기를 원한다.
I want you go.
너는 내가 그것을 위해 무엇을 해주기를 원하니?
What do you want me to do for it?

2. 주어+동사+목적어+원형 부정사

나는 그가 내 요점을 이해하도록 하게 할 수 없다.
I can't get(have / make) him understand my point.
나는 그가 거리를 건너가는 것을 보았다.
I saw him cross the street.

---

3. 주어+동사+목적어+목적격 보어(형용사/과거분사/현재분사/전치사구)

5형식 목적보어에 형용사/과거분사/현재분사/전치사구가 오는 동사들은 도장에서 생활 지도 시 가장 많이 사용하는 구조이므로 이 형태들을 반드시 익혀 놓아야 한다. 이 구문들은 영어의 달인들이 자주 애용하는 문장형태들이다.

나는 커피가 뜨거운(차가운) 것을 좋아한다.
I like coffee hot(= iced).
나는 죽고 싶다.
I wish myself dead.
나는 모든 것이 내일까지 준비되기를 원한다.
I want everything ready by tomorrow.
나는 너의 동작이 아름답다는 것을 발견했다.
I found your motion beautiful.

도복을 깨끗하게 유지해라.
Keep your uniform clean.
너의 신체가 따뜻하도록 유지해라.
Keep your body warm.
너의 신체가 깨끗하도록 유지해라.
Keep your body clean.

나는 차를 준비하도록 시켰다.
I will get(have/make) the car ready.
그녀는 내가 편안하도록(불편하도록) / 만족하도록(실망하도록) 만들었다.
She make me comfortable(uncomfortable).
She make me satisfied(disappointed).
나는 그녀가 화내는 것을 결코 본 적이 없다.
I have never seen her angry.
나는 그것에 대해서 책임감을 느낀다.
I feel myself responsible for it.

4. 5형식 목적격 보어에 쓸 수 있는 다양한 형용사

ready, responsible, important, beautiful, respectful, excited, interesting, satisfied, comfortable(= uncomfortable), peaceful(= warlike), clean(= messy), wrong, mistaken, lonely, nervous, impatient, irritated, upset, humble

나는 범인이 잔인하게 취급받는 것을 좋아하지 않는다.
I don't like the rascal cruelly treated.
나는 네가 처벌받는 것을 좋아하지 않는다.
I don't like you punished.
나는 네가 처벌받는 것을 원하지 않는다.
I don't want you punished.

나는 그 도시가 파괴되었다는 것을 알았다.
I found the city destroyed.
범인은 창문이 닫힌 상태로 유지했다.
The rascal kept the window locked.

범인은 창문이 닫힌 상태로 내버려 두었다.
The rascal left the window locked.
나는 범인이 처벌되도록 시켰다.
I got(= had) the rascal punished.

나는 영어로 이해시킬 수 없다.
I couldn't make myself understood in English.
나는 그 집이 타서 주저앉은 것을 보았다.
I saw the house burnt down.
sunk down: 털썩 주저앉다

나는 나 자신이 칭찬받는(비난받는) 것을 느꼈다.
I felt myself praised(blamed).
나는 자 자신이 들어 올려지는(가라앉는) 것을 느꼈다.
I felt myself lifted up(sunk down).
lifted up: 들어 올려지다

나는 내 머리가 쭈뼛 서는(눈이 튀어나오는) 것을 느꼈다.
I felt myself hair raising(eyes popping).

나는 네가 그처럼 행동하는 것을 좋아하지 않는다.
I don't like you behaving like that.
나는 네가 그러한 짓을 하는 것을 좋아하지 않는다.
I don't like you doing such a thing.
나는 네가 나의 일에 관여하는 것을 좋아하지 않는다.
I don't like you meddling in my affairs.

나는 네가 떠드는 것을 좋아하지 않는다.
I don't like you making a noise.
나는 네가 놀리는 것을 좋아하지 않는다.
I don't like you making a fun.
나는 네가 변명하는 것을 좋아하지 않는다.
I don't like you making an excuse.

나는 네가 말썽 일으키는 것을 좋아하지 않는다.
I don't like you making trouble.
나는 네가 차별하는 것을 좋아하지 않는다.
I don't like you making difference(= discriminating).
나는 네가 나쁜 친구를 사귀는 것을 좋아하지 않는다.
I don't like you making bad friends.

나는 네가 장난치는 것을 좋아하지 않는다.
I don't like you playing around.
나는 네가 반말을 사용하는 것을 좋아하지 않는다.
I don't like you using impolite speech.
나는 너희들이 서로 싸우는 것을 좋아하지 않는다.
I don't like you fighting each other.

나는 네가 약자를 괴롭히는 것을 좋아하지 않는다.

I don't like you bothering weaker.

나는 네가 친구들에게 비웃는 것을 좋아하지 않는다.

I don't like you jeering your friends.

나는 네가 화해하기를 원한다.

I want you making peace.

나는 네가 책임지기를 원한다.

I want you taking responsibility.

나는 네가 나의 일에 끼어드는 것을 원하지 않는다.

I don't want you meddling in my affairs.

나는 그가 문에서 서 있는 것(기다리는 것, 커닝하는 것, 훔치는 것)을 발견했다.

I found him standing(waiting / cheating / stealing) at the door.

나는 그가 기다리도록 유지했다.

I kept him waiting.

나는 네가 <u>그렇게 오랫동안 기다리게 했던 것에</u> 대해서 미안하다.

I am sorry **to have kept you waiting so.**

(= I am sorry **that you have kept you waiting so.**)

나는 그가 울도록 내버려 두었다.

I left him crying.

나는 그 시계가 가도록 했다.

I get the clock going.

나는 그가 그러한 일을 하는 것을 보았다.

I saw him doing such a thing.

그녀는 내가 그 사실을 안다는 것을 알지 못한다.

She can't see me knowing the fact.

나는 그녀가 나를 이용하는 것을 두고 볼 수 없다.

I can't see her making use of me.

나는 그녀가 나를 이용하는 것을 느낀다.

I feel her making use of me.

6) 태권도 도장에서 가장 빈번하게 사용되는 명령문 형식

An imperative sentence of most using in the gym

조용히 해라.

Be quiet.

싸우지 마라.

Don't fight.

시끄럽게 떠들지 마라.

Don't make a noise.

거짓말하지 마라.

Don't tell a lie.

7) 태권도 도장에서 '~하는 것은 쉽다 / 어렵다 / 고맙다' 등을 표현할 때 자주 사용하는 2형식 to 부정사의 의미상 주어(for, of)와 동명사의 의미상 주어(소유격)

영어는 주어가 긴 것을 싫어해서 진짜 주어를 뒤로 보내고 가짜 주어를 앞으로 보내어 가주어, 진주어라는 구조를 자주 사용한다.

(1) to 부정사의 의미상 주어(for)

이 상자는 내가 들어올리기에는 너무 무겁다.

This box is too heavy for me to lift.

형용사+이유, 관계, 기준

네가 앞차기를 배우는 것은 쉽다.

It is easy for you to learn front kick.

네가 돌려차기를 배우는 것은 약간 어렵다.

It is a little difficult for you to learn round house kick.

네가 몸통돌려차기를 배우는 것은 아주 어렵다.

It is very difficult for you to learn turning back kick.

(2) to 부정사의 의미상 주어(of)

네가 그렇게 말해 주니 고맙다.

It is very kind of you to say so.

네가 나에게 그 방법을 보여줘서 고맙다.

It is very kind of you to show me the way.

[의미상 주어+to 부정사+간접목적어+직접목적어]

(3) 동명사의 의미상 주어(소유격)

네가 앞차기를 배우는 것은 쉽다.

It is easy your learning front kick.

네가 돌려차기를 배우는 것은 약간 어렵다.

It is a little difficult your learning round house kick.

네가 몸통 돌려차기를 배우는 것은 아주 어렵다.

It is very difficult your learning turning back kick.

8) 감정을 표현하는 2형식 형태의 주어+동사+형용사 뒤에는 올 수 있는 다양한 원인이나 관계(~에 대하여)를 나타내는 용법

(1) 주어+동사+형용사+to 부정사 / that절

나는 나의 감정을 보여주는 것에 대하여 두렵다.

I am afraid to show my emotion.

나는 기회를 놓치는 것에 대하여 두렵다.

I am afraid that I should miss the chance.

(2) 주어+동사+형용사+전치사+(명사 / 대명사 / 동명사 / 명사절(의문사절) / 명사구(의문사구))

전치사 뒤에는 전치사의 목적어로서 명사, 대명사, 동명사 ,명사절, 명사구가 온다는 진리를 알아야만 자유롭게 영어 작문과 회화를 할 수 있다.

① 전치사+명사

나의 너의 성공에 대하여 확신한다.

I am sure of your success.

② 전치사+동명사

나는 논쟁에 대하여 진절머리가 난다.

I am tired of arguing.

나는 운전하는 것에 대해서 두렵다.

I am afraid of driving.

나는 돈을 버는 것에 대해서 두렵다.

I am afraid of making money.

나는 어머니가 되는 것에 대해서 두렵다.

I am afraid of being a mother.

나는 의사가 되는 것에 대해서 두렵다.

I am afraid of being a doctor.

나는 검은 띠가 되는 것에 대해서 두렵다.

I am afraid of being a black belt.

나는 점점 나이가 들어가는 것에 대해서 두렵다.

I am afraid of getting old.

나는 점점 아파지는 것에 대해서 두렵다.

I am afraid of getting sick.

나는 점점 부자가 되는 것(가난해지는 것)에 대해서 두렵다.

I am afraid of getting rich(poor).

③ 수동태 형태의 동명사

나는 불려 나가는 것에 대해 두렵다.

I am afraid of being called out.

나는 학생들에 의해 목격되는 것에 대해서 두렵다.

I am afraid of being noticed by my student.

나는 게을렀던 것에 대하여 부끄럽다.

I am ashamed of having been idle.

④ 전치사+명사절

나는 내가 말한 것에 대해서 두렵다.

I am afraid of what I said.

나는 저번에 그와 함께 술을 마셨던 것에 대해서 두렵다.

I am afraid that I had a drink with him the other day.

나는 나의 아버지가 농부였었다는 것에 대하여 자랑스럽다.

I am proud of my father's having been a farmer.

⑤ 전치사+명사구

나는 거기에 어떻게 도착했는지에 대해서 두렵다.

I am afraid of how to get there.

나는 어떻게 돈을 벌지에 대해서 두렵다.

I am afraid of how to make money.

나는 어디로 갈지에 대해서 두렵다.

I am afraid of where to go.

나는 누구에게 전화할지 두렵다.

I am afraid of who to call.

⑥ 주어+ 동사+형용사+전치사 + 명사 구조에서 <u>전치사+ 명사</u>는 이유(왜), 관계(~에 대하여), 기준(~하기에는)을 뜻한다.

> 주어+동사+자랑스러운(proud), 확신한(sure), 두려운(afraid), 게으른(ashamed), 진절머리가 난(tired), 기쁜(pleased), 만족한(satisfied), 실망한(disappointed), 동의한(agreed)+전치사+명사

나는 너의 성공에 대하여 자랑스럽다.

I am proud of your success.

나는 너의 승급에 대하여 기쁘다.

I am pleased with your promotion.

나는 행동에 대하여 아직 만족하지 못한다.

I am not still satisfied with your action.

나는 너의 설명에 대하여 실망스럽다.

I am very disappointed with your explanation.

나는 너의 의견에 대하여 동의한다.

I don't agreed with your opinion.

나는 내가 어떻게 연락할지에 대해서 관심이 있다.

I am curious about how I could reach you.

나는 내가 어떻게 연락할지에 대해서 궁금하다.

I am wondering about how I could reach her.

나는 네가 체육관에 돌아온다는 것에 대해서 들었다.

I heard about that you would come back gym.

나는 네가 체육관에 돌아온다는 것에 대해서 흥분된다.

I am excited about that you would come back gym.

나는 어떻게 시범을 보일지에 대해서 걱정스럽다.

I am worried about how I show the demonstration.

9) 이어(二語)동사

태권도 준비운동(Warming up exercise)과 정리운동(Finishing up exercise) 시 빈번하게 사용되는 이어(二語)동사를 확실히 정복해야 한다.

(1) ~을 놓다 Put

빗장을 걸어라.

Put a bar across the gate.

put across: 가로지르다

장난감(미트 / 공)을 치워라.

Put away(= aside) toys.

Put away(= aside) mitts.

Put away(= aside) balls.

put away(= aside): ~을 치우다[away: 떨어져서 / aside: 옆에(으로), 떨어져서]
put together: ~을 모으다/(손)을 합장하다

친구를 위해 한마디 거들어라.

Put in a word for a friend.

손해배상을 청구하라.

Put in a claim for damages.

put in(= into)
(a) (타격 따위를) 가하다
(b) 넣다, 끼우다, 삽입하다, 덧붙이다, 첨가하다, 이름·주소 등을 써넣다

당장 불을 꺼라.

Put out the light now.

put out
(a) ~을 내밀다
(b) 관절 따위를 삐다
(c) 불을 끄다

put into
(a) ~에 투입하다
(b) ~으로 바꾸다
(c) 번역하다

put into action: ~을 실행하다

put forward(ahead)
(a) 시계를 앞당기다
(b) 회의를 앞당기다
(c) 제안하다, 추천하다

책을 선반에 도로 갖다 놓아라.

Put back your books on the shelf.

미트를 도로 갖다 놓아라.

Put back(= Replace) the mitt.

뜀틀을 도로 갖다 놓아라.

Put back(= Replace) the vault.

put back(= replace): ~을 도로 갖다 놓다

put off: 연기하다(off는 제거하다는 의미가 있다)

허리 칼.

Hang the sword. (= Put your sword on your waist.)

내려 칼.

Put down the sword.

뽑아 칼.

Draw the sword. (= Put out the sword.)

칼 거둬.

Take away the sword.

칼 털어.

Shake off the sword.

꽂아 칼.

Insert the sword. (= Put in(= into) the sword. / Put up the sword.)

put(= get) on: 책장에 책을 꽂다

put on(= wear): 입다

put up
(a) ~을 본래의 장소에 넣어라. 칼을 칼집에 넣어라
(b) 돛 따위를 올리다. 미사일을 쏘아 올리다. 텐트 따위를 치다. 우산을 펼치다. 깃발을 올려라. 게시를 올려라

put up with: 참다. 견디다(= push your self)

put down: ~을 내려놓다

갑옷을 입어라.

Buckle / on amor.

옷을 맵시 있게 입어라.

Wear(= Put on) / a dress stylishly.

칼을 칼집에 넣어라.

Put up / your sword.

짐을 한군데 모아 두시오.

Keep your things together.

put on(= wear): 입다
slip on: 걸치다
get(= bring / put) together: 모으다

(2) ~을 뽑다 Draw(Pull / Pluck / Take (out / off / away))

사랑니를 뽑다.

Draw(= Pull out) a wisdom tooth.

풀을 뽑다.

Pull weeds.

제비를 뽑다.

Draw lots.

못을 벽에서 뽑다.

Pull out a nail from a wall.

닭의 털을 뽑다.

Pluck a chicken.

과일을 따라.

Pluck off fruit.

잡초를 뽑아라.

Pluck out(= up) the weed.

벽지를 뜯어내라.

Pluck away wallpaper.

away: 떨어져서

손톱을 잡아 뜯지 마라.

Don't pluck away your nail.

손톱을 깎아라.

Cut your nails.

손톱을 깨물지 마라.

Don't bite your nails.

손톱을 할퀴지 마라.

Don't scratch with your nails.

(3) ~을 꽂다 Put / Insert

책장에 책을 꽂다.

Put a book on a bookshelf.

꽃병에 꽃을 꽂다.

Put flowers in a vase.

주머니(안)에 손을 꽂다.

Put your hand in(to) your pocket.

자물쇠(안)에 키를 꽂다.

Put(= Insert) a key in(to) a lock.

이 꽃을 꽃병(안)에 꽂아 주시오.

Please put these roses in(to) the vase.

너의 머리를 늘어뜨려라(숙여라).

Hang down(= bend) your head.

너의 혀를 늘어뜨리다.

Hang down your tongue.

Tip. 자주 쓰이는 동사의 이해

watch: "주의해서 보다"라는 자발적인 행위를 나타낼 때 사용되는 자동사이다. watch 는 움직이고 있는 것에 대해 쓰는 것이 일반적이다.

look: see는 타동사로서 어떠한 목적물을 보게 됨으로써 "이해하게 되다", "살피다" 등 강한 뜻이 있지만, look는 자동사로서 "보다"라는 뜻보다는 "눈을 돌리다"로 좀 약한 뜻이 내포되어 있다. 그래서 look at(쳐다보다), look in(들여다보다), look out(조심하다, 내다보다), look for(찾다), look forward(고대하다), look back(뒤를 돌아보다, 회고하다), look around(여기저기 돌아보다) 등 다양한 표현이 나온다.

※ 타동사의 경우는 마치 선풍기를 한 자리에 고정시키면 한곳만 바람이 강하게 불게 되므로 범위가 좁아지는 경우와 비교할 수 있다. 그러나 자동사는 선풍기를 좌우로 돌리는 경우와 같다. 바람은 약하지만 범위가 그만큼 넓어진다.
그러므로 특히 영어회화를 할 때는 영문법보다는 영어 어법(Usage)을 잘 익혀야 한다. 그래서 우리나라에서는 영어를 배움에 있어서 문법 위주에서 어법 위주로 전환해야만 한다.

get: 자기가 원하든 원 않던 간에 자기 한태로 오는 것 대부분을 표현한다. 그러니까 "~을 받다", "~을 얻다" 등의 뜻이 나온다.

take: get도 "취하다"이지만 take는 더욱 적극적인 강한 의지를 가지는 "취하다"이기 때문에 자기에게 불리한 것보다도 유리한 것을 취하게 된다.

너는 기회를 가졌니?(너는 시도를 해봤니?)
Did you take a shot? (= Did you get a shot?)

예를 들면, get a lesson은 자기가 원치 않은 것이 자기에게 오는 것이기 때문에 "설교를 듣다"이고, take a lesson은 자기가 적극적으로 취하기 때문에 "강의를 듣다", give a lesson은 "강의를 하다"가 된다.

make: "무"에서 "유"를 창조하는 동사이다.
make a money(돈을 벌다), make a reservation(예약하다), make a promise(약속하다), make a bed(자리를 펴다), make an attempt(시도하다), make an apology(사과하다), make a propose(제안하다), make a request(요구하다), make an offer(제공하다), make peace(화해하다), make war(전쟁하다)

do: 명사 앞에 두어서 "~을 하다"로 표현한다.
do my hair(머리를 하다), do meat(고기를 굽다), do my home work(숙제를 하다), do business(장사를 하다), do the washes(세탁하다), do exercise(운동을 하다), do a kindness(친절을 베풀다), do damage(피해를 주다)

give: "주다"로 해석하면 범위가 작아진다. 외부로 나가는 것 대부분을 give로 표현한다.
give me a break(휴식을 구할 때), give me a hand(용서를 구할 때), give my regards to your family(안부를 부탁할 때) 등과 같이 사용한다.

have: 미국인들은 아무것도 없이 빈손으로 영국에서 미국으로 건너가 토착민인 인디언들의 습격을 받으면서 불굴의 개척정신을 바탕으로 생존해 나가면서 "돈을 갖다, 집을 갖다, 땅을 갖다, 지식을 갖다" 등 무언가를 갖는 것이 그들의 생활의 기존조건이었다. 그래서 영어에는 **have**가 들어가는 표현이 대단히 많아진 것이다.

keep: 영국에서 미국으로 건너가 토착민인 인디언들의 습격을 받으면서 불굴의 개척정신을 바탕으로 목숨 걸고 어렵게 획득한 것을 쉽게 버리고 싶은 사람은 없을 것이다. 그래서 영어에는 유지할 때 사용하는 이 동사가 아주 많이 쓰이게 된다.

come: 상대방에게 접근하는 것을 말한다. 전화를 걸어서 상대방이 사무실이나 집에 있는 것을 확인하고 "지금 집으로 갈게요", "지금 당신 사무실로 갈게요"라고 할 때는 "come"을 써야 한다.

지금 당신 사무실로 갈게요
I'll come to your office.

go: 상대방한테서 떨어져 가는 경우다. 둘이서 얘기하다가 "당신 사무실로 가지요"라고 할 때는 "go"를 써야 한다.

당신 사무실로 갈게요.
I'll go to your office.

bring: 상대가 현재 눈앞에 또는 물건을 가져갈 장소에 현재 있을 때는 **bring**을 사용한다.

내가 그것을 너에게 가지고 갈게.
I will bring it to you.

cf. take: 상대가 현재 눈앞에 또는 물건을 가져갈 장소에 현재 없을 때는 take를 사용한다.

내가 그것을 너에게 가지고 갈게.
I will take it to you.

lay: 서 있는 것을 눕혀 놓는 것은 lay이다. lay는 타동사로서 "눕히다" 또는 "놓다"의 뜻이며, lie는 자동사로서 "눕다"의 뜻이다.

I helped my mother (to) lay the table.
(to) lay the table: 상을 차리다

lay down(내려놓다)

lay aside(옆에 놓다)

call: 소리를 내서 부르거나 전화로 부르거나 이름을 부르거나 모두 call로 표현한다. call은 "부르다", "전화를 걸다", "방문하다"의 뜻이 담겨 있다.

너는 의사를 불러야 한다.
You should call doctor.
네가 나가지 않으면 나는 경찰을 부를 것이다.
If you do not get out, I'll call police.
내가 내일 전화할게.
I'll call you tomorrow.
나는 내일 방문할 것이다
I'll call on you tomorrow.

나는 너와 얘기(말)하고 싶다.
I want to say to you.
I want to talk to you.
say: 말하다
speak: 소리를 내서 말하다.
tell: ~에게 알리다.
speak of: ~에 관하여 말하다.
speaking of movies, ~: 영화 얘기인데~
speaking of business, ~; 사업 얘기인데~
speaking of taxes, ~: 세금 얘기인데~
speaking of him, ~: 그 사람에 관한 얘기인데~
generally speaking, ~: 일반적으로 말하면~
frankly speaking, ~: 솔직히 말하면~
economically speaking, ~: 경제적으로 말하면~
speaking as a parent, ~: 부모의 입장에서 말한다면~

speaking as a master, ~: 관장의 입장에서 말한다면~
speaking as a teacher, ~: 선생님의 입장에서 말한다면~
speaking as a doctor, ~: 의사의 입장에서 말한다면~

put: 밖으로 향하여 어떤 상태로 만들어 놓을 때 사용한다. "두다", "놓다", "바르다",
"붙이다", "생각을 글로 표현하다"

내 생각을 종이에 표현할 수 없다.
I can't put my thought on paper.

be: 사물의 상태나 관계를 나타낼 때 쓰이는 경우에는 "~하다", "~이다"의 개념으
로 활용한다. 존재의 유무를 나타낼 때는 "~에 있다, ~이다"의 개념으로 활용한다.

had been: 있었던 상태였다
have been: 있었던 상태이다
will have been: 있었던 상태일 것이다

10) 관계대명사의 축약 Abbreviation of relative pronoun

다음과 같이 긴 형용사 종류인 관계대명사를 다음과 같이 줄이는 원리를 알아야 한다.

아픈 사람 있니?

Is there anyone who is sick?

→ Is there anyone sick?

결석한 사람 있니?

Is there anyone who is absent?

→ Is there anyone absent?

11) 수식어 Modifiers

영어의 수식어는 문장 뼈대 뒤에서 주어가 행동했던 장소, 방법, 방향(위로, 아래로, 옆
쪽으로, 뒤로), 시간, 이유, 관계, 결과, 목적, 양보, 조건, 비교, 기분, 정도를 문장 끝에서

표현하는 것을 말한다.

(1) 수식어의 종류 A kind of modifiers

① 전치사구(형용사적 용법)

② 전치사구의 부사적 용법: 시간, 이유, 관계, 결과, 목적, 양보, 조건, 비교, 기준, 정도)

③ 부정사구(to 부정사의 부사적 용법)

④ 부사절(시간, 이유, 양보, 조건, 부대상황(동시상황))

⑤ 부사구(현재 분사구, 과거 분사구)

⑥ 부사

⑦ 전치사가 생략된 명사

⑧ 관계 대명사, 관계부사

(2) 부사절을 부사구로 고치는 방법 2가지

2 Method turning by adverbial phrase with adverbial clause

주절의 내용을 빨리 말해주기 위해서 부사절을 부사구로 고치는 것이다.

첫째, 부사절에 Be 동사가 있는 경우, 부사절 속에 주어와 be 동사를 지운다.

둘째, 부사절에 일반 동사가 있는 경우, 부사구에는 동사가 없어야 하므로 부사절의 일반 동사가 동사의 성질을 완전히 버릴 수 있도록 일반 동사 원형에 'ing'를 붙인다.

(3) 시간 When

before

after

while: ~하는 동안

when

by the time

since: ~이래

until: ~까지

once: 한번

as(= so) long as: ~하는 한

as soon as

the first time(that): 처음으로

the second time(that): 두 번째로

the last time(that): 마지막으로

the next time(that): 다음번에

(4) 이유 The reason

because

since

(5) 양보 Though

even though: ~함에도 불구하고

though

although

(6) 조건 If

unless: ~하지 않으면, ~하지 않는 한

whereas: ~임에 반해서

only if: 오로지, 오직 ~이면

even if: 비록 ~일지라도

providing (that)(= If): 만일~라면

provided (that)(= If) 만일~라면

아래의 구문은 분사구문으로서 이것도 마찬가지로 상대방에게 말을 빨리 전달하기 위한 목적에서 나온 것이다.

만약 일이 다 끝나면 집에 가도 좋다.
Providing that all your task is done, you may go home.

그리고 태권도는 동작을 가르치는 운동이다. 그러므로 문장 뼈대 뒤에서 거리, 각도, 방법, 방향, 높이, 속도 등을 나타내는 다양한 수식어들이 수시로 위치한다. 그러므로 문장 뒤에 위치하는 이러한 다양한 수식어들을 아래와 같이 자유자재로 쓸 수 있도록 연습해야 한다.

신체 동작을 가르칠 때는 방향, 방법, 수단, 거리, 각도, 속도, 높이, 무게 중심, 이동 등의 수식어를 자유자재로 쓸 줄 알아야 동작들을 교정하고 가르칠 수 있다. 그러므로 여기에 나오는 다양한 수식어를 완벽히 소화시켜야 한다.

(7) **방향** Direction

방향감각 a sense of direction.

방향전환 a change of direction

수직운동 a vertical movement.

수평운동 a horizontal movement

좌로 to the left

우로 to the right

좌에서 우로 from left side to right side

우에서 좌로 from right side to left side

좌우로 from side to side

위에서 아래로 from high to low

아래에서 위로 from low to high

대각선으로 diagonally

앞으로 forward

뒤로 backward

위로 upward

아래로 downward

옆으로 sideward

바깥으로 outward

안으로 inward

① 운동방향(in): (전치사) ~(의 방향)으로, ~의 속으로(into)

~ 방향으로 in the direction

바른 방향으로 in the right direction

다른 방향으로 in the other direction

사방팔방으로 in all direction

여러 가지 방향으로 in different directions

같은 방향으로 in the same direction

반대방향으로 in an opposite(= contrary) direction

(= to the opposite direction)

이(쪽) 방향으로 in this way

저(쪽) 방향으로 in that way

그쪽으로 가지 마세요.

Don't go that way.

나는 그쪽으로 가고 있다.

I am going that way, too.

집 안으로 들어가다. Go into a house.

편지를 불 속으로 던지다. Throw the letter into the fire.

펜을 잉크 속으로 담그다. Put the pen into the ink.

이 책들을 너의 여행가방 속으로 넣어라. Put these books into your traveling bag.

이 보호 장구들을 너의 가방 속으로 넣어라. Put this guards into your bag.

② 운동방향(in): (부사) ~의 속으로, 안으로

안으로 걸어 들어가라.

Walk in.

나는 안으로 끌려 들어갔다.

I was called in.

안으로 들어가자.

Let's in.

③ 운동방향(at): ~을 향하여, ~에 대하여, ~쪽에

상대방을 향하여 돌진하라.

Rush at your opponent(= enemy).

상대방을 향하여 저격(발사)해라.

Fire at your opponent(= enemy).

남의 실수에 대하여(남의 실수를 콕 집어서) 비웃지 말라.

Don't mock at a person's mistake.

남의 실수에 대하여(남의 실수를 콕 집어서) 놀려대지 마라

Don't jeer at a person's mistake.

④ 운동방향 전치사(to, toward, for): ~로

• to(방향, 목적지)

내 사무실로 와라.

Come to my office.

동에서 서로

from east / to west.

왼쪽으로 돌아라.

turn to the left.

시선을 <u>반대로(다른 쪽으로)</u> 돌려라.

Turn your eyes <u>to the other side.</u>

<u>서울로</u> 가는 길에.

On my way <u>to seoul.</u>

<u>부산가는</u> 열차

the train <u>for Pusan</u>

오른쪽으로 to the right side

왼쪽으로 to the left side

앞쪽으로 to the front side

뒤쪽으로 to the back side

양쪽으로 to both sides

천장으로 to the ceiling

코를 <u>발쪽으로</u> 놓아라.

Put your nose <u>to your feet.</u>

남쪽으로 to the south

동쪽으로 to the east

우리 집은 <u>남쪽으로</u> 향하고 있다.

My house faces <u>to(= toward) the south.</u>

오른쪽에서 왼쪽으로 from the right side / to the left side

왼쪽 무릎에서 오른쪽 허리로 from the left knee / to the right waist

좌우로 from side / to side

위에서 아래로 from high / to low

지면으로 to the ground

마룻바닥으로 to the floor

상체로 to the upper body

하체로 to the lower body

• into / in(방향, 목적지)

이 시내는 호수로 흘러든다.

This stream makes into the lake.

해는 동쪽에서 떠서 서쪽으로 진다.

The sun rises in the east and sets in the west.

충분히 반대 방향으로 뻗어 줘라.

Fully stretch in the opposite direction.

다리를 몸 앞으로 뻗습니다.

Stretch your legs out / in front of you.

너는 방향이 옳다.

You have the right course.

너는 방향이 틀리다.

You have the wrong course.

너는 가고 있다/ 잘못된 방향으로.

You go in the wrong direction.

너는 가고 있다 / 올바른 방향으로.

You go in the right direction.

너는 가고 있다 / 같은 방향으로.

You go in the same direction.

너는 가고 있다 / 다른 방향으로.

You go in an opposite(= a contrary) direction.

(= You go to the opposite(= a contrary) direction.)

• 형용사+명사

이(쪽) 방향 this way

저(쪽) 방향 that way

다른 방향 the other way

바른 방향 the right direction

같은 방향 the same direction

여러 가지 방향 different directions

반대 방향 the opposite(a contrary) direction

틀린 방향 the wrong direction

(8) **방법** The way

① in

이 방법으로 in this way

영어로 in English

대화체로 쓰인 소설 a novel written in dialogue

처량한 목소리로 구걸해라.

Beg in piteous terms.

식으로 답을 나에게 주시오.

Give me the answer in a formula.

둘로 잘라라.

Cut in two.

사과를 반으로 잘라라.

Cut an apple in half(= halves).

종이를 네 번 접다.

Fold paper in four.

한 줄로 서라.

stand in a queue(line).

in a line: 한 줄로

차례로 서라.

Stand in order(turn).

키 순서대로 서라.

Stand in order(turn) of height.

일직선으로 in a straight line

횡대로 in a horizontal line

종대로 in a vertical line

앞으로 in front

앉은 자세로 in a sitting position

편안한 자세로 in a comfortable position

이 방법으로 in this way

영어로 in English

180도로 in a 180 degrees arc

같은 방법으로 in the same way

이런 방법(식)으로 in this way(= like this)

큰 목소리로 in a loud voice

작은 목소리로 in a low voice

큰 소리로 떠들다.

Make a noise in a loud voice

낮은 소리로 대답하다.

Answer in a low voice.

이런 방법으로(식으로) 그것을 하지 마라.

Don't do it in this way(like this).

그런 방법으로(식으로) 그것을 하지 마라.

Don't do it in that way(= like that).

너는 올바른 방법으로 하고 있다.

You do in the proper(= right) way.

너는 잘못된 방법으로 하고 있다.

You do in the wrong way.

같은 방법으로 해라.

Do in the same way.

일정한 방법으로 해라.

Do a certain way.

다른 방법으로 시도해라.

Try another tack.

큰 목소리로 대답해라.

Answer in a loud voice.

두 가지 방법 two ways
다양한 방법에 의해 by various methods

너는 발차기 방법을 터득할 것이다.

You will get the hang of kicking.

(= You will catch(= acquire) the knack of kicking.)

그것은 그것을 하기 위한 방법이 아니다.

That is not the (proper) way to do it.

나는 네가 취한 방법에 대해서 찬성할 수 없다.

I can't approve of the course you took.

성공을 얻기 위한 방법이 아니다(이런 방법으로는 성공하지 못한다).

There is not the way to obtain(= get) success.

다른 방법(선택의 여지)이(가) 없다.

There is no other way(= alternative).

Tip. "**different**"가 복수명사를 수식할 때는 "여러 가지의, 가지가지의"라는 의미이다.

Tip. 참고할 만한 전치사 용법

① to와 toward, for, into, in(~로): 방향·목적지를 나타내는 전치사
내 사무실로 와라.
Come to my office.

동에서 서쪽으로.
From east to west.

왼쪽으로 돌아라.
Turn to the left.

시선을 반대로 돌려라.
Turn your eyes to the other side.

서울로 가는 길에.
On my way to seoul.

부산 가는 열차
the train for Pusan

이 시내는 호수로 흘러든다.
This stream makes into the lake.

해는 동쪽에서 떠서 서쪽으로 진다.
The sun rises in the east and sets in the west.

충분히 반대 방향으로 뻗어 줘라.
Fully stretch in the opposite direction.

다리를 몸 앞으로 뻗습니다.
Stretch your legs out/ in front of you.

오른쪽으로 <u>to the right side</u>
왼쪽으로 <u>to the left side</u>
앞쪽으로 <u>to the front side</u>
뒤쪽으로 <u>to the back side</u>
양쪽으로 <u>to both sides</u>
천장으로 <u>to the ceiling</u>

코를 발쪽으로 놓아라.
Put your Nose <u>to your feet.</u>

얼굴을 앞으로 놓아라.
Put your face <u>forward.</u>

② <u>through: 통과/경로 전치사</u>
나무 사이로 다람쥐가 보였다.
I saw squirrel <u>through</u> the tree.

③ <u>in(~로): 방법 전치사</u>
한 줄로 **in a line**
일직선으로 **in a straight line**
직각으로 **in a right angle**
횡대로 **in a horizontal line**
종대로 **in a vertical line**
앞으로 **in front**
앉은 자세로 **in a sitting position**
편안한 자세로 **in a comfortable position**
이 방법으로 **in this way**
영어로 **in English**

<u>180도로</u> 회전해라.
Rotate <u>in a 180 degrees arc.</u>

<u>대화체로</u> 써진 소설 **a novel written** <u>in dialogue</u>

<u>처량한 목소리로</u> 구걸해라.
Beg <u>in piteous terms.</u>

<u>식으로</u> 답을 나에게 주시오.
Give me the answer <u>in a formula.</u>

<u>더운물로</u> 손을 씻어라.
Wash your hands <u>in hot water.</u>

④ <u>in: 수단 전치사</u>
그는 그것을 연필이 아니라 펜으로 스케치했다.
He sketched it in pen, not in pencil.

⑤ in: 형식 전치사
달러로 지불해라.
Pay in dollars.

영어로 써라.
Write in English.

(9) 도구 · 수단 with / in / by

① with: 도구

양어깨로 with both shoulders

다른 손으로 with the other hand

양손으로 with both hands

양 무릎으로 with both knees

양발로 with both legs

양 발바닥으로 with the soles of your feet

양 발등으로 with the backs of your feet

양쪽으로 with both sides

까치발로 with the tips of your toes

연필로 써라.

Write with a pencils(= in pencils).

칼로 잘라라.

Cut with a knife.

그는 지팡이로 나를 쳤다.

He struck me with a stick.

② in

• 도구

청동으로 만든 상 statue in bronze

크레용으로 그린 초상화 portrait in 크레용

나무로 만든 in wooden

그는 잉크로 스케치했다.

He sketched in ink.

• 수단

그는 그것을 연필이 아니라 펜으로 스케치했다.

He sketched it in pen, not in pencil.

그 나무는 강풍으로 쓰러졌다.

The tree fell down in a strong wind.

더운물로 손을 씻어라.

Wash your hands in hot water.

• 형식

달러로 지불해라.

Pay in dollars.

영어로 써라.

Write in English.

③ by(~에 의해서, ~으로)

신의 도움으로 by the help of god

이 방법으로 by this means

글로 생계를 유지하라.

Earn one's living by writing.

완력으로 빼앗아라.

Take by force.

본보기로(모범을 보여) 가르쳐라.

Teach by example.

너는 본보기로 가르쳐야 한다.

You have to teach by example.

전화로 알려라.

Inform by phone.

한 손으로 by one hand

(10) 각도 Degree

수평으로 at a level
수직으로 at a right angle
45도로 at an angles of forty five degrees
(= at a forty-five-degrees angle)
90도로 at an angles of ninety degrees
(= at a ninety degrees angle)
45도에서 90도로
at an angles of ninety degrees (from) forty to ninety degrees
180도로 at an angles of a hundred eighty degrees
360도로 at an angles of a three hundred sixty degrees

각도를 재라.

Take(= Measure) the angle.

이 각은 45도다.

This angle is forty five degrees.

다른 각도에서 봐라.

View from a different angle.

다음은 너의 무릎이 / 발가락에 수직이 되는 / 지점까지 낮춰라.

Next, lower your knees / to the point / your knees are vertical / to your toes.

앞발은 땅과 정강이 사이가 <u>60~70도 각도를 유지</u>하고, 뒷발은 <u>100~110도의 각도를 유지한다</u>.

The front foot <u>keeps</u> (from) <u>60 to 70 degrees</u> between the ground and the shin, the back foot <u>keeps</u> (from) <u>100 to 110 degrees</u>.

또한 앞발의 뒤꿈치에서 뒷발의 뒤꿈치까지 일직선을 그려야만 한다.

You should be able to draw a straight line from the heel of front foot to the heel of your back foot.

상체는 <u>30도 각도로</u> 유지해야 한다.

Your upper body should be <u>at a 30 degrees angle</u>.

(11) 거리 Distance

거리는 얼마냐?

How far is it?

여기서 너의 집까지 거리는 얼마냐?

How far is it from here to your house?

여기서 직선거리로 <u>약 2마일이다</u>.

<u>At a distance of two miles</u> from here in a straight line.

너의 신체와 주먹 사이의 거리는 <u>주먹 한 개다</u>.

<u>At a distance of one fist</u> between your body and your fist.

너의 오른발과 왼발 사이의 <u>한 족장(발바닥) 반이다</u>.

<u>At a distance of one foot and half</u> between your right foot and left foot.

<u>손이 닿는 거리에</u>

<u>at arms length</u>

너의 양발은 <u>어깨 너비로</u> 벌려라.

Keep your feet <u>at shoulders length</u> apart.

너의 양발을 <u>두 발 너비로</u> 벌려라.

Keep(= Spread out) your feet <u>at two foot length</u> apart.

(12) 속도 Speed

시속 <u>30킬로미터로</u> 달려라.

Run <u>at a speed of 30 kilometers</u> an hour.

시속 <u>70킬로미터로</u> 달려라.

Run <u>at a speed of 70 kilometers</u> an hour.

시속 <u>100킬로미터로</u> 달려라.

Run <u>at a speed of 100 kilometers</u> an hour.

시속 <u>200킬로미터로</u> 달려라.

Run <u>at a speed of 200 kilometers</u> an hour.

<u>전속력으로</u> 달려라.

Run <u>at full speed.</u>

<u>느릿느릿</u> 걸어라.

Walk <u>at a snake's face.</u>

(13) 높이 Height

눈높이에서 at the hight of your eyes
가슴 높이에서 at the hight of your chest
허리 높이에서 at the hight of your waist

눈높이로 to the level of your eyes

가슴 높이로 to the level of your chest(= breast-hight)

허리 높이로 to the level of your waist

얼굴에 가깝게 close to your face

어깨에 가깝게 close to your shoulder

얼굴 높이까지 to face level

가슴 높이까지 to chest level

허리 높이까지 to waist level

손가락을 모으고 너의 팔을 <u>가슴 높이까지</u> 들어 올려라. 이때 팔꿈치가 일자가 되게 하면서 손바닥을 바깥으로 향해라.

Put your elbows together and raise your arms <u>to chest level</u>, keeping your elbow straight and your palms facing outward.

너의 두 발을 <u>가슴 높이까지</u> 들어 올려라.

Elevate your feet <u>above heart level.</u>

(14) 무게중심 The center of weight

너의 체중은 얼마냐?

How much do you weigh?

(= What is your weight?)

체중이 늘었다.

I put on(= gain / pick up) weight.

체중이 줄었다.

I lost weight.

체중이 1킬로그램 늘었다.

I gained a kilogram.

체중이 1킬로그램 줄었다.

I lost a kilogram.

체중을 / 줄여라.

Reduce / your weight.

무게 중심을 <u>앞무릎에</u> 놓아라.

Put the center of your weight / <u>on your front knee.</u>

무게 중심을 <u>오른 다리에서 왼쪽 다리로</u> 옮겨라.

Move the center of your weight / <u>from right foot to left foot.</u>

무게 중심을 <u>왼발 뒤꿈치에</u> 놓아라.

Put the center of your weight is / <u>on your left heel.</u>

몸무게의 3분의 2가 <u>뒷다리에</u> 있다.

Two thirds of your weight is / <u>on your back foot.</u>

<u>체중검사 a weight -in</u>
<u>무게중심 the center of your weight</u>

(15) 힘 Strength

<u>복근에 힘을 줘라.</u>

<u>Tense</u> / your abdominal muscles.
tense: 팽팽하게 하게 하다, 긴장시키다

<u>다리에 힘을 줘라.</u>

<u>Put power</u> / in your leg.

다리에 <u>힘을 빼라</u>.

<u>Relax</u> / your leg.

양다리에 <u>힘을 줘라</u>.

<u>Put power</u> / in your both legs.

(16) 이동 Movement

한 발짝 <u>앞으로</u> 이동해라.

Move one step / <u>forward.</u>

<u>뒤로</u> 두 발짝 이동해라.

Move two steps / <u>backward.</u>

<u>옆으로</u> 두 발짝 이동해라.

Move two steps / <u>sideward.</u>

<u>위로</u> 두 발짝 이동해라.

Move two steps / <u>upward.</u>

<u>아래로</u> 두 발짝 이동해라.

Move two steps / <u>downward.</u>

<u>하늘 쪽으로</u> 두 발짝 이동해라.

Move two steps / <u>skyward.</u>

<u>왼쪽으로</u> 한 발짝 이동해라.

Move one step / <u>to the left.</u>

<u>오른쪽으로</u> 한 발짝 이동해라.

Move one step / <u>to the right.</u>

그들은 <u>여기저기로</u> 이동했다.

They moved / <u>here and there.</u>

너는 쉬는 시간에 <u>다른 교실로</u> 이동해야 한다.

They have to move / <u>to other class</u> / during rest time.

너의 손을 움직이지 마라.

Don't move your hand.

(17) 점수(정도, 차이): **by(∼의 차이로)**

나는 <u>5야드 차이로</u> 경주에 이기다.

I won the race / <u>by five yards.</u>

나는 <u>2분 차이로</u> 기차를 놓치다.

I missed the train / <u>by two minutes.</u>

그는 여동생보다 <u>3인치</u> 더 크다.

He's taller than <u>by 3 inches.</u>

너는 <u>2점 차로</u> 게임을 이겼다.

You win the game <u>by two points.</u>

청팀은 <u>5점 차로</u> 게임을 이겼다.

The blue team win the game <u>by five points.</u>

(18) 자세 Form

이 자세는 특히 주먹지르기 연습에 좋다.

This stance is especially good / for punching practice.

뒷굽이는 <u>모든 수련자가 잘해야 하는</u> 가장 중요한 서기 중의 하나이다.

The 뒷굽이(backward inflection stance) is one of the most important stance / <u>all practitioners</u>

<u>must be able to do well.</u>

<u>이 서기는</u> 뒤로 쉽게 <u>움직이도록 도움을 주며</u>, 주로 방어 기술과 함께 사용된다.

<u>This stance helps you move</u> / backward / easily and it is mainly used / with defense techniques.

(19) 박자 Rhythm

너는 <u>박자가 맞는다.</u>

You are / <u>in time(= rhythm).</u>

너는 <u>박자가 맞지 않는다.</u>

You are / <u>out of time(= rhythm).</u>

옆 사람과 박자가 다르게 움직이지 마라.

<u>Don't move out of time</u> / with the person beside you.

옆 사람과 <u>박자를 맞춰라.</u>

<u>Keep time</u> / with the person beside you.

음악에 <u>박자를 맞춰라.</u>

<u>Keep time</u> / to the music.

손으로(발로) <u>박자를 맞춰라.</u>

<u>Keep time</u> / with your hand(feet).

Part 9

무도영어의 고수가 되는 비결
The secret of the master of martial arts English

무도영어의 고수가 되는 비결
The secret of the master of martial arts English

영어로 무도를 잘 가르치고 싶다면 다음과 같이 영어의 나무가 아닌 숲을 볼 줄 알아야 무도영어의 고수가 될 수 있다.

1) 영어 문장이 생성되는 개념과 원리를 먼저 익혀야 한다.

영어는 품사의 개념을 숙지한 다음 문장의 구조와 원리를 깨닫고 문장이 만들어지는 형성과정을 깨달은 뒤에 엄청난 반복학습이 따라야만 실력이 늘고 재미가 있어진다.

무턱대고 외워서는 금방 싫증나고 지치게 되어 있다. 그러나 나무가 아닌 숲을 보게 되면 영어가 점점 나의 친구로 변하기 시작한다.

다음과 같이 영어라는 집을 짓는 데 필요한 벽돌들의 개념과 원리, 성질과 색깔들을 정확히 알아야 집을 지을 때 용도에 맞는 벽돌을 골라 쓸 수 있다.

명사
① 명사(길이가 짧은 명사)
② 대명사(길이가 짧은 명사)
③ 동명사/to 부정사 (명사적 용법): 길이가 중간인 명사
④ 명사절: 길이가 긴 명사
⑤ 명사구: 길이가 긴 명사

동사
(자동사)
1형식 동사(주어와 동사만 가지고 문장을 스스로 만드는 동사)
2형식 동사(주어를 설명해 주는 보어가 필요한 동사)

(타동사)
3형식 동사(목적어가 필요한 동사)
4형식 동사(목적어가 2개 필요한 동사)
5형식 동사(목적어를 보충 설명해 주는 목적격 보어가 필요한 동사)

형용사
① 형용사: 길이가 짧은 형용사
② 과거분사: 길이가 중간인 형용사
③ 현재분사: 길이가 중간인 형용사
④ 전치사구: 길이가 중간인 형용사
⑤ to 부정사(형용사적 용법): 길이가 중간인 형용사
⑥ 관계대명사(형용사절): 길이가 긴 형용사
⑦ 관계부사(형용사절): 길이가 긴 형용사
⑧ 과거분사구: 길이가 긴 형용사
⑨ 현재분사구: 길이가 긴 형용사

부사
① 부사
② 부사절
③ 부사구 (과거 분사구, 현재 분사구, 동시동작)
④ 전치사구
⑤ to 부정사 (부사적 용법)

2) 동사의 시제를 자유롭게 변화시킬 줄 알아야 한다.

최소한 12시제 중에서 과거, 현재, 미래, 현재완료 정도는 변화시킬 줄 알아야 한다.

```
12시제
① 과거                              ② 현재
③ 미래                              ④ 과거 진행형
⑤ 현재 진행형                        ⑥ 미래 진행형
⑦ 과거완료                          ⑧ 현재완료
⑨ 미래완료                          ⑩ 과거완료 진행형
⑪ 현재완료 진행형                    ⑫ 미래완료 진행형
```

3) 영어의 모든 문장은 동사를 중심으로 1~5형식 구조로 나열된다

영어의 모든 문장은 동사를 중심으로 1~5형식 구조로 나열되므로 기본 동사들의 쓰임새(Usage)를 확실히 익혀서 기본 문장으로 화투를 치듯이 즐기는 방법을 찾아야 한다.

(1) 영어를 마스터하기 위한 동사 공부의 이유

① 동사를 모르면 어순을 모른다: 한국말은 단어 순서에 상관없이 조사로 말을 만들고 영어는 단어의 순서에 의해서 조사('은, 는, 이, 가'라는 주격조사 또는 목적격 조사)를 붙인다.

② 동사변환 능력이 없으면 사전에 없는 명사를 만들지 못한다: 명사, 대명사, 동명사, to 부정사, 명사구(의문사구), 명사절(that절, 의문사절).

③ 동사 변환능력이 없으면 사전에 없는 부사를 못 만든다: that절, to 부정사, 전치사구.

④ 동사 변환능력이 없으면 사전에 없는 형용사를 만들지 못한다: 형용사, 과거분사(과거 형용사), 현재분사(현재 형용사), 전치사구(전치사+명사), to 부정사(형용사), that절(형용사).

⑤ 동사를 모르면 다양한 능동태와 수동태 24시제를 알 수 없고 추측 조동사와 의무 조동사를 알지 못해 다양한 뉘앙스의 동사들을 내뱉지 못한다.

문법을 배우는 이유는 문장을 생성하는 능력을 키우는 것이 목표이다. 그런데 문법을 배우고 문장을 생성하는 능력이 없다는 것은 자동차 수리공이 몇 권의 이론서를 달달 외

우고도 차 수리를 못하는 이치와 똑같은 것이다.

한국인들이 가정법 과거완료 만드는 법은 달달 외우는데 가정법 과거와 과거완료 문장을 못 만드는 것, 목적어 자리에 to 부정사와 동명사가 온다는 것은 알고 있는데 영작을 하지 못하는 것 등이 이에 속한다. 결국 문법을 위한 문법을 배웠기 때문이다.

(2) 영어의 달인이 되기 위해서 동사를 공부해야 하는 구체적 설명

영어문법이란 내비게이터 역할을 하는 동사를 중심으로 단어를 배열하는 방법을 배우는 게임을 배우는 것이다. 그러므로 동사를 아는 순간 영어의 숲이 보이기 시작한다. 눈먼 장님의 눈에서 갑자기 광명이 보이기 시작한다.

① 동사는 문장의 구조를 단 한 방에 결정하는 절대 권력자이다.
② 단어의 순서를 결정하는 동사를 모르면 문장을 쓸 수가 없다.
   • 한국어: 조사 언어
   • 영어: 위치 언어
③ 영어 명령문은 동사 하나만으로도 다양한 문장을 만들어 낸다. 동사 하나만 제대로 말해도 명령문으로 외국인과 대화할 수 있다.
④ 영어는 동사를 추진체(propeller)로 계속해서 문장을 확대해 나간다.
⑤ 상호교환 동사다발을 익힌다.

한국인들이 10년을 배워도 회화를 못하는 결정적인 이유는 동사들의 쓰임새(usage)를 정확히 알지 못하기 때문이다. 그래서 배우면 배울수록 뒤엉키는, 그야말로 뒤죽박죽인 상태의 늪에 빠져 버리는 것이다.

동사가 자동사로 쓰이는지 타동사로 쓰이는지에 따라 자동사로 쓰일 때는 1, 2형식 중에 한 가지를 쓰고 목적어를 필요로 하는 타동사로 쓰일 때는 3, 4, 5형식 중에 한 가지를 쓴다는 가장 기본적인 언어의 규칙을 모르면서 무조건 많이 듣고 외우면 되는 줄 아는 어리석음을 되풀이하는 것이다.

진짜 영어를 제대로 하고 싶거든 다시 기본으로 돌아가야 한다. 동사의 쓰임새를 정확히 알지 못하고는 아무리 바닥을 깊게 파고 들어가도 샘물은 솟아오르지 않는다. 그러나 반대로 동사를 정확히 깊게 파면 팔수록 어느 순간, 엄청난 영어의 수맥을 발견하게 되고 그 수맥은 엄청난 물기둥으로 솟구쳐 오를 것이다.

그 물기둥을 느끼는 순간 당신은 땅바닥을 치고 말 것이다. 영어에 이런 엄청난 비밀들이 숨어 있는 것을 왜 진작 깨우치지 못했는가를 후회하며. 그 순간을 경험하면 그때 독자들은 진정으로 영어를 공부하는 방법을 터득한 것이라고 확신해도 된다. 필자가 지금까지 연구하고 전문가들에게 귀동냥한 것을 바탕으로 100% 확신 있게 단언한다.

(3) 동사의 용법이 중요한 이유

동사의 용법이 왜 그렇게 중요한지 약방의 감초처럼 모든 구문에서 자주 사용되는 생각동사(think, consider, judge, believe)의 다양한 용법(usage)을 살펴보도록 하겠다.

① think / consider(= suppose)[생각하다, 남의 감정 따위를 헤아리다(참작하다] / judge / believe

think / consider / judge / believe 4개 동사는 (a) 3형식 that절, (b) 3형식 의문사절과 (c) 3형식 의문사구, 5형식 특수형식인 (d) 주어+동사+목적어+목적격보어(형용사), (e) 주어+동사+목적어+to be+목적격보어(명사 / 형용사), (f) 주어+동사+목적어+as+목적격보어(명사 / 형용사)(이 구조에서는 believe 1개만 제외됨), (g) 주어+동사+목적어+목적격보어+that절, (h) 주어+동사+목적어+목적격보어+to 부정사에 공통적으로 쓰이는 동사들이다.

즉, 이들 4개 동사는 서로 다른 8개 구문을 넘나들며 31개의 문장을 완성시키며 자유자재로 옷을 갈아입고 변신하기 때문에 영어의 숲을 보는 웬만한 통찰력이 없으면 아무리 영어의 고수라도 도저히 발견해 내지 못하는 것이다.

ⓐ 1형식
곰곰이 생각하라.
Think and think.

골똘히 생각하라.

Think hard.

분명히 생각하라.

Think clearly.

영어로 생각하라.

Think in English.

나는 민주주의가 좋다고 생각한다.

I think(= believe) in democracy.

요즈음의 세태를 어떻게 생각하니?

What do you think about present social conditions?

나는 어렸을 적의 일을 생각하고 있는 중이다.

I am thinking about my childhood days.

그 가엾은 아이들에게 관심을 보이시오.

Think of that poor children.

think of: ~에 관심을 보이다, ~에 마음을 쓰다

자기 일만 생각하면 안 된다.

You shouldn't think of yourself.

비용만이라도 상상하시오.

Just think of the cost.

think of: ~을 상상하다

나는 그의 이름이 생각나지 않는다.

I can't think of his name.

think of: 생각나다, ~을 생각해 내다

나는 적절한 말이 떠오르지 않는다.

I can't think of right word.

나는 살아서 돌아오리라고는 생각하지(예기치) 않았다.

I didn't think of coming back alive.

think of: ～을 예기하다

누가 최초에 그 생각을 제안했는가?

Who first thought of the idea.

think of: ～을 제안하다

사표를 제출하기 전에 다시 한 번 잘 생각해 보시오.

Think twice about sending in your resignation.

think about: ～에 대하여 생각하다

내가 말한 것을 심사숙고 하시오.

Think over what I said.

think over: 심사숙고하다

사표를 제출하는 것에 대하여 다시 한 번 잘 생각해 보시오.

Think twice about sending in your resignation.

think twice: 재고하다, 망설이다

우리는 계획을 생각해 내야 한다.

We've got to think out a plan.

think out: 생각해 내다, 인출하다

나는 그 문제를 끝까지(충분히) 생각했다.

I think the problem through.

think through: 끝까지(충분히) 생각하다

ⓑ 3형식

생각하면 생각할수록 더 모르겠다.

The more I think, the more I am puzzled.

모든 것은 생각하기 나름이다.

Everything depends on(= upon) your way of thinking.

그것을 생각하기조차 싫다.

I dislike (the way) thought of it.

사실이 아니겠지

I don't think that it's true.

나는 그렇게(그런 식으로) 생각하지 않는다.

I don't think that way.

(= I don't see it like that. / I think otherwise.)

그것을 생각하지 않을 수 없다.

I can't get it off my mind.

뭘 생각한다고 해서 걱정거리를 잊을 수 없다.

You can't think away your trouble.

think away: 생각 따위를 해서 ~을 잊다

• 3형식 to 부정사

나는 여기서 너를 만나리라고는 생각하지 못했다.

I didn't think to find you here.

누가 너를 여기서 만나리라고 예상했겠니?

Who would have thought to find you here?

      (과거)

그들은 이미 사망한 것으로 생각하고 있었다.

They were thought to have died.

그는 우리를 속이려 하고 있다.

He thinks to deceive us.

• 3형식 의문사구

나는 다음에 무엇을 할 것인지를 생각 중이었다.

I was thinking what to do next.

나는 네가 무엇을 생각하고 있는지 알고 있다.

I know what is in your mind.

• 3형식 의문사절
나는 내가 그것을 어떻게 할 것인지를 생각 중이다.

I am thinking how I'll do it?

무슨 일이 일어났다고 생각하십니까?

What do you think has happened?

누가 그것을 했다고 생각하느냐?

Who do you think did it?

그녀가 어디 산다고 생각하니?

Where do you think she lives?

은행이 몇 시에 문 닫는다고 생각하니?

What time do you think the bank closes?

그것은 얼마나 멀다고 생각하니?

How far do you think it will be?

그가 얼마나 기뻐할지 생각해 보시오.

Think how delighted he will be.

나는 그가 돈 없이 어떻게 지냈는지 알 수 없다.

I can't think how he managed without money.

• 3형식 that절
나는 오늘 출발하는 것을 생각한다.

I think that I will start today.

나는 그가 정직하다는 것을 생각한다.

I think that he is honest.

그는 모든 사람이 그를 좋아한다고 생각한다.

He thinks that everyone likes him.

사실이 아니겠지.

I don't think (that) it's true.

나는 그가 틀렸다고 생각한다.

I think(believe) that he is in the wrong.

ⓒ 5형식(to 부정사 / 명사 / 형용사 / 과거분사 / 전치사구)

• 명사

그는 자신을 위대한 사람이라고 생각한다.

He thinks himself a great man.

그것은 사실과 일치한다고 생각한다.

I think it to correspond to facts.

correspond: (자동사) 일치하다, 부합하다(= agree)

우리는 모두 그가 정직한 사람이라고 생각했다.

We all thought him (to be) an honest man.

• 형용사

나는 그녀가 바쁘다고 생각한다.

I think her always busy.

나는 그녀가 부지런하다고 생각한다.

I think her very diligent.

• 전치사구

그는 그런 일을 한다는 것은 위신(체면 / 품위)문제라고 생각했다.

He thought it beneath him to do such a thing.

beneath: (전치사) ~의 가치가 없는, ~에 어울리지 않는, ~의 체면에 관련된

Tip. 보충예문

그런 짓을 하는 건 너의 위신문제다.
It is beneath dignity to do such a thing.(2형식)
dignity: (명사) 존엄, 위엄, 품위

그는 이것저것 생각하다가 바보가 될 거야.
He will think himself silly.

그는 너무 생각해서 머리가 돌았다.
He thought himself into madness.
think~ into: 생각에 빠져 ~이 되다

ⓓ 5형식 특수형식 동사

• 주어+동사+목적어+to be+목적격 보어(명사 / 형용사)

나는 그가 정직하다고 생각했다.

I thought him (to be) honest.

나는 그가 정직하다고 생각했다.

I considered him (to be) honest.

나는 그가 결백하다고 생각했다.

I thought him (to be) innocent.

나는 그가 훌륭한 사업가라고 판단했다.

I judged him (to be) a good businessman.

나는 그가 훌륭한 분이라고 생각한다.

I judge him (to be) an honorable man.

나는 그가 훌륭한 사업가라고 믿었다.

I believed him (to be) a good businessman.

• 주어+동사+목적어+as+목적격 보어(명사 / 형용사)

그들은 그녀를 가장 영향력 있는 여성으로 생각했다.

We thought of her as the most influential woman.

그들은 그녀를 그들의 지도자로 여겼다.

We considered her as their leader.

나는 그가 교사가(대통령이) 된 모습을 상상할 수 없다.

I can't see him as a teacher(president).

모든 사람은 그 소년이 행방불명이 된 것으로 판단했다.

Everyone judged the boy as(for) lost.

lost: (형용사) 행방불명된

그들은 그 문제를 중요하지 않은 것으로 간주했다.

They regarded the matter as unimportant.

그들은 문제가 다 해결된 것으로 간주했다.

They regarded the matter as settled.

settled: (형용사) 해결된

• 주어+ 동사+ 가목적어+목적보어+to 부정사

나는 한 달 안에 20kg을 빼는 것은 불가능하다고 생각한다.

I think it impossible to lose twenty kilograms in a month.

나는 그녀를 설득하는 것은 가능하다고 생각한다.

I think it possible to persuade her.

나는 네가 작업 중인 파일을 저장할 필요가 없다고 생각한다.

I think it necessary to save the file you are working on.

나는 적어도 2마일 이상 걷는 것은 유익하다고 생각한다.

I think it useful to take a walk at least over two miles.

나는 세금을 내는 것은 우리의 의무라고 생각한다.

I think it my duty to take a tax.

나는 거기에 혼자 가는 것은 위험하다고 생각한다.

I think it dangerous to go alone.

나는 잠자코 있는 것이 더 좋다고 생각했다.

I thought it better to remain silent.

나는 비가 올 때 차에 머무르는 것이 필요하다고 생각한다.

I think it necessary to stay in the car when it rains.

나는 아무것도 말하지 않는 것이 최상이라고 생각했다.

I taught it best to say nothing.

나는 그렇게 말하는 것은 잘못이라고 생각한다.

I consider it wrong to say that.

나는 그녀가 혼자서 해외로 나가는 것이 위험하다고 생각한다.

I consider it dangerous for her to go aborad by herself.

나는 이 프로그램을 효과적으로 사용하는 법을 익히는 것이 쉽다고 생각한다.

I think it easy to learn how to use the program effectively.

나는 그 파일을 너의 컴퓨터에서 지워버리는 것이 안전하다고 생각한다.

I think it safe to delete the file from you computer.

우리는 자연을 보존하는 것이 중요하다고 생각한다.

I think it important to preserve nature.

나는 일주일에 한두 번씩 연습하는 것이 필요하다고 생각한다.

I think it necessary to practice once or twice a week.

전공을 바꾸고 4년 만에 대학을 졸업하는 것은 불가능하다고 생각한다.

I think it impossible to change your major and complete college in four year.

나는 그녀를 다시 만나지 않는 것이 좋다고 생각했다.

I think it better never to meet her.

나는 사람을 그의 수입으로 평가하는 것은 옳은 일이라고 믿는다.

I believed it right to judge a person by his income.

나는 네가 작업 중인 파일을 저장하는 것은 안전하다고 믿는다.

I believe it safe to save the file you are working on.

• 주어+ 동사+ 가목적어+목적보어+that절

나는 그가 그렇게 말한 것은 당연(애석)하다고 생각한다.

I think it natural(a pity) that he said so.

나는 그가 나와 의견이 같을 것이라는 것을 당연하게 여겼다.

I took it for granted that he would agree with me.

나는 우리가 비난받아야 한다는 것은 수치라고 생각한다.

I consider it shame that we should be blamed.

나는 그가 그와 같이 행동한 것은 옳은 일이라고 판단했다.

I judged it right that he behaved like that.

나는 그가 그것을 그와 같이 한 것은 잘못이라고 믿는다.

I believe it wrong that he did it like that.

② consider(남의 감정을 헤아리다, 배려하다)

ⓐ 3형식

- 주어+동사+목적어(명사 / 동명사 / that절 / 의문사절)

나는 그의 부지런함을 참작했다.

I considered his diligence.

나는 그의 젊음을 고려해야 한다(헤아려서 배려해야 한다).

We should considered his youth.

나는 남에 대해서 전혀 신경을 쓰지 않는다.

I never consider others.

나는 런던에 가는 것을 생각 중이다.

I am considering going to London.

나는 그가 나를 도와야 한다고 생각한다.

I consider that he ought to help me.

나는 거기서 무엇을 사야 할지 생각했다.

I considered what to buy there.

ⓑ 5형식

- 주어+동사+목적어+목적보어(형용사)
- 주어+동사+목적어+(to be / as)+목적보어

나는 이 문제가 해결된 것으로 간주한다.

Let us consider the matter <u>settled</u>.

나는 그를 믿을 만한 사람이라고 생각한다.

I considered him <u>(to be)</u> worthy of confidence.

그는 햄릿을 셰익스피어 비극의 전형으로 생각했다.

He considered Hamlet <u>as</u> an example of a shakespearean tragedy.

③ suppose(~을 생각하다)

ⓐ 3형식

나는 네가 여기를 좋아하리라고 생각한다.

I suppose that you like here.

ⓑ 5형식

나는 그가 유명한 소설가라고 생각하지 않았다.

I never supposed him <u>(to be) a famous novelist.</u>

누구도 그가 그러한 일을 했으리라고는 생각하지 않았다.

Nobody supposed him <u>to have done</u> such a thing.

④ believe

ⓐ 1형식

나는 그의 인격을 믿는다.

I believe in him.

나는 너의 인격을 믿는다.

I believe in you.

ⓑ 3형식

- 주어+동사+ 목적어(명사)

나는 자네를 믿네.

I believe you.

나는 그 얘기를 믿는다.

I believe the story.

나는 믿을 수가 없다.

I can't believe it.

ⓒ 3형식 that절

콜럼버스는 지구가 둥글다고 믿었다.

Columbus believed that the earth is round.

내일 눈이 오리라고 생각하니?

Do you believe it will snow tomorrow?

ⓓ 3형식 의문사절

나는 그가 한 말을 믿는다.

I believe what he say.

ⓔ 5형식

나는 그가 정직하다고 생각한다.

I think him to be honest.

나는 그가 정직하다고 생각했다.

I believed him to be honest.

4) 핵심 뼈대 문장 사이에 비집고 들어가 살을 붙이는 다음과 같은 문법들을 알아야 한다

(1) 전방 수식 형용사(명사 앞에 위치하여 명사를 꾸며 주는 역할)

① 형용사

② 과거분사(완료 형용사)

③ 현재분사(진행 형용사)

(2) 후방수식 형용사(명사 뒤에 위치하여 명사를 꾸며 주는 역할)

① 형용사

② 과거분사구

③ 현재분사구

④ 전치사구

⑤ to 부정사(형용사적 용법)

⑥ 관계대명사(형용사절): 어떤 사람인지, 어떤 사물 인지를 표현할 때 쓴다.

⑦ 관계부사(형용사절): 어떤 장소인지, 어떤 방법인지, 어느 시간인지, 어떤 이유인지를 표현할 때 쓴다.

5) 영어의 생성능력을 완성해야 한다

영어는 무조건 외워서는 쉽게 지치고 재미가 없어진다. 그러므로 영어를 즐기면서 가르치려면 자신이 하고 싶고 말하고 싶은 내용을 스스로 만들 줄 아는 영어의 생성능력(문장을 스스로 만드는 능력)을 완성해야 한다.

한 문장을 가지고 12시제만 변화시켜도 12문장이 탄생되고 조동사 25개를 변화시키면 25문장이 탄생된다. 주어만 바꿔도 5개의 문장이 더 탄생된다. 게다가 의문문으로 바꾸면 5문장이 더 탄생하고 명령문으로 바꾸면 5문장이 더 탄생한다.

간단한 영어 문장 하나가 52가지의 옷으로 갈아입고 다른 모습처럼 사람을 현혹시키는 것이 영어다. 그러므로 이렇게 한 문장을 가지고 52문장을 만들 수 있는 힘을 기르는 것이 영어를 잘하는 비결이다.

6) 발음 원리와 법칙을 확실히 알아야 한다

발음 원리와 법칙(연음법칙과 경음법칙, 턱의 위치, 혀의 위치)을 확실히 알아야 자신 있게 수련생들을 지도할 수 있다.

'불굴의, 무패의, 무적의'라는 의미의 형용사인 Invincible(인빈스블)과 indomitable[인도므드(르)블]은 영어가 강세 언어란 점을 깨닫지 못하면 발음을 정확하게 배우지 못한다.

영어는 우리말과 달리 강세를 중시하는 강세 언어이다. 이러한 영어의 특성 때문에 영어는 강세가 없는 모음은 애매한 발음인 '어'나 '으'로 발음되고 강세가 없는 '어'는 '으'로 발음된다는 기본 원칙을 모르면 위의 단어들을 '<u>인빈서블</u>'과 '<u>인도머터벌</u>'로 발음하게 되는 것이다.

※ sports(스뽀츠), spy(스빠이), sky(스까이), spagetty(스빠게리): 경음화 형상

외국인이 한국인의 발음을 못 알아듣는 가장 큰 이유 중의 하나는 영어 단어의 모음인 a, e, i, o, u를 엉뚱하게 발음하기 때문이다. 발음을 듣고 따라 할 때는, 발음 중에서 '모음의 소리'와 '악센트의 위치'를 확인해야 한다.

아는 단어도 발음에 자신이 없으면 반드시 사전을 찾아보고 발음을 확인한 다음 소리 내어 읽어야 한다.

영어의 한 음절 구조는 '자음-자음-자음-모음-자음-자음-자음' 순이다. 반면에 우리말의 한 음절 구조는 '자음-모음-자음' 순이다. 이것이 우리에게 영어 단어가 길게 느껴지는 이유이기도 하고, 미국 사람들의 말이 빠르게 들리는 이유이기도 하다.

'strike'라는 발음을 한국인들은 '스트라이크'로 늘려서 발음한다. 우리말은 모음 앞에 자음이 하나밖에 올 수 없으므로 'ㅅ, ㅌ, ㄹ'의 세 개의 자음을 한꺼번에 발음할 수 없다. 반면에 미국인은 '<u>스뜨라잌</u>'이라는 1음절 길이로 발음한다. 이것이 미국인들의 발음이 빠르게 들리는 이유이다.

그러므로 영어를 발음할 때는 의식적으로 자음들을 빨리 연결해서 1음절로 발음하는 연습을 해야 한다.

영어의 이중모음을 발음할 때도 첫 모음은 크게 발음하고 뒤따르는 모음은 작고 빠르게 붙여서 1음절의 길이에 모든 소리를 실어야 한다.

예를 들어 say, day, go 등의 발음은 이중 모음이 들어 있으므로 '세이, 데이, 고우'처럼 발음한다. 삼중 모음을 발음할 때도 마찬가지다. fire, tire, our, sour 등은 '<u>파이어, 타이어,</u> <u>아우어, 사우어</u>' 등으로 강세 없이 발음하면 3음절 발음이 된다.

'파이어, 타이어, 아우어, 사우어'처럼 강세를 넣어서 발음하면 1음절 발음이 되는 것이다.

7) 문법을 터득해야 한다

문장을 만드는 규칙인 문법을 터득해야 자신이 하고 싶은 말을 생성할 수 있는 능력이 생기고 자신감과 성취감을 느낄 수 있다.

필수적인 영어문장을 만드는 5형식 구조의 문장 설계도는 2시간이면 누구든지 완벽히 터득할 수 있다. 그리고 이 문장의 설계도는 철저히 동사를 중심으로 질서정연하게 짜여 있기 때문에 동사의 용법을 정확히 익히면 영작과 회화를 할 수 있는 것이다.

다시 한 번 강조하지만 영어는 수많은 문장을 무조건 외워야 하는 암기과목이 아니라 개념과 원리를 바탕으로 응용을 통해서 문장들을 만들어가는 기쁨, 즉 법열(法悅)을 느끼는 재미있는 공부라는 것이다.

그러므로 영어의 달인이 되고 싶거든 다음의 질문들을 자신에게 냉철하게 물어봐야 한다.

당신은 영어의 달인이 되기 위해서 지금까지 어디를 파고 있었습니까?
당신은 지금 어디를 파고 있습니까?
당신은 영어의 수맥을 발견했습니까?

동사의 용법이라는 결론이 안 나왔다면 당신은 지금까지 가짜영어 공부를 해 왔다는 사실이다. 그래서 해도 해도 영어가 늘지 않았던 것이다.

동사의 사용법을 다시 배워라. 기본으로 돌아가라(Go back to the basic).
그곳에 영어의 고수가 되는 비결들이 숨어 있다.

지칠규

경희대학교 체육대학원에서 무도철학을 전공하고 「태권도 수련문화의 철학적 구성 원리」라는 논문으로 박사학위를 취득했다. 현재 한양대학교 사회교육원과 경희대학교 국제캠퍼스 겸임교수로 재직 중이며 국기원 지도자 연수원 인문과학 연구원으로도 왕성하게 활동하고 있다.

원래 우리의 국기인 태권도 철학을 전 세계로 전파하기 위한 필요성 때문에 수백 권의 영어책을 섭렵하였다. 그러던 중 10년을 배워도 말을 못하는 한국 영어교육의 고질병이 동사들을 제대로 배우지 못한 결과라는 사실을 발견하고 영작 시 문장의 나침반 역할을 하는 동사다발 연구에 수년 동안을 매달렸다.
그리고 필자가 개발한 신개념의 동사다발을 가지고 수원대학교, 한양대학교, 경희대학교 등에서 7년 동안 강의해 오면서 대학생들과 일반인들을 상대로 동사다발을 가르친 결과 수강생들로부터 매우 재미있고 쉽다는 호평을 얻었으며 지금도 누구나 쉽게 배울 수 있는 영어 학습법 개발에 몰두하고 있다.

또한 한국 영어 교육에 유쾌한 반란을 일으키자는 취지로 국회 동시통역사, 영어 베스트셀러 저자, 유명 영어 학원 강사, 대학교수들과 함께 2010년 3월 1일에 공동으로 결성한 Coup English(쿠데타 잉글리쉬) 영어 연구소 소장으로도 활동하고 있으며, 국제 무도 사범영어 연수원 원장도 맡고 있다.

『인생의 챔피언을 탄생시키는 무도철학』 (1-3권)
『영어의 달인을 만드는 비밀노트』 (1-4권)

한국 최초로 5형식 문법을 2시간이면 누구나 손쉽게 깨우치는 5형식 입체 블록 특허를 냈으며 중국과 일본도 국제특허를 진행 중이다.

www.쿠데타잉글리쉬.com

TEACHING
THE ENGLISH
2 실제편
TO
글로벌 태권도 시범을 위한 영어교수법
GLOBAL
TAEKWONDO

초 판 인 쇄 | 2011년 10월 12일
초 판 발 행 | 2011년 10월 12일

지 은 이 | 지칠규
펴 낸 이 | 채종준
펴 낸 곳 | 한국학술정보㈜
주　　소 | 경기도 파주시 문발동 파주출판문화정보산업단지 513-5
전　　화 | 031) 908-3181(대표)
팩　　스 | 031) 908-3189
홈 페 이 지 | http://ebook.kstudy.com
E-mail | 출판사업부 publish@kstudy.com
등　　록 | 제일산-115호(2000. 6. 19)

ISBN　　978-89-268-2723-9 04740 (Paper Book)
　　　　978-89-268-2724-6 08740 (e-Book)
　　　　978-89-268-2719-2 04740 (Paper Book Set)
　　　　978-89-268-2720-8 08740 (e-Book Set)